LEKTÜRESCHLÜSSEL
FÜR SCHÜLERINNEN UND SCHÜLER

Bertolt Brecht
Der gute Mensch von Sezuan

Von Franz-Josef Payrhuber

Philipp Reclam jun. Stuttgart

Dieser Lektüreschlüssel bezieht sich auf folgende Textausgabe:
Bertolt Brecht: *Der gute Mensch von Sezuan*. Frankfurt a. M.:
Suhrkamp, 1964 [u. ö]. (edition suhrkamp. 73)

RECLAMS UNIVERSAL-BIBLIOTHEK Nr. 15375
Alle Rechte vorbehalten
© 2006 Philipp Reclam jun. GmbH & Co., Stuttgart
Gesamtherstellung: Reclam, Ditzingen
Printed in Germany 2008
RECLAM, UNIVERSAL-BIBLIOTHEK und
RECLAM UNIVERSAL-BIBLIOTHEK sind eingetragene
Marken der Philipp Reclam jun. GmbH & Co., Stuttgart
ISBN 978-3-15-015375-8

www.reclam.de

Inhalt

1. Erstinformation zum Werk **5**

2. Inhalt **11**

3. Personen **28**

4. Aufbau und Form **35**

5. Wort- und Sacherläuterungen **42**

6. Interpretation **48**

7. Andere literarische Ausformungen der Thematik **62**

8. Autor und Zeit **68**

9. Checkliste **84**

10. Lektüretipps/Filmempfehlungen **87**

Anmerkungen **92**

1. Erstinformation zum Werk

Bertolt Brecht war einer der großen Dichter des zwanzigsten Jahrhunderts, eine epochale Figur, die heute zu den anerkannten ›Klassikern‹ zählt. Sein literarischer Rang war jedoch nicht immer unumstritten, denn er war oft unbequem in seinem Bekenntnis zum Marxismus und seinem politischen Engagement für eine humanere Welt, die sein Werk prägen. Gerieben hat man sich auch an seinen Widersprüchen, an den menschlichen nicht weniger als an den literarischen. Doch diese sind für Brecht gerade kennzeichnend. Er selbst hat seine Arbeiten nie als abgeschlossen betrachtet, er hat sie vielmehr als »Versuche« bezeichnet und darum seine Antworten auf die Probleme der Zeit und zur Verbesserung der Gesellschaft, trotz seines optimistischen Glaubens an die Veränderbarkeit der Welt, immer wieder befragt. Er wollte, wie er in seinem Gedicht *Ich benötige keinen Grabstein* selbst sagte, »Vorschläge« machen[1] oder, wie es sein Freund Lion Feuchtwanger in einem Nachruf ausdrückt, »anregen, […] sich mit den andern auseinandersetzen und ihnen denken helfen«[2].

Bertolt Brecht schuf ein umfangreiches literarisches Werk, das aus achtundvierzig abgeschlossenen Dramen und etwa fünfzig Dramenfragmenten, aus zahlreichen Erzählungen und Romanen und über zweitausend Gedichten besteht, nicht gerechnet die unterschiedlichen Textfassungen zu vielen Werken, die Tagebücher und Briefe. Im Mittelpunkt seines künstlerischen Schaffens stand aber immer das Drama und, abgesehen von den Jahren des Exils, die praktische Theaterarbeit. Nicht von ungefähr bezeichnete er sich selbst als »Stückeschreiber«. Wenngleich seit eini-

6 1. ERSTINFORMATION ZUM WERK

gen Jahren zunehmend auch die überragende Bedeutung der Lyrik Brechts gesehen wird, bleiben doch nach wie vor seine Stücke, insbesondere die großen Dramen des Exils, im Blick der Theater, der Literaturwissenschaft und der Schule.

Das »Parabelstück« – so der Untertitel – *Der gute Mensch von Sezuan* führt am Beispiel der Prostituierten Shen Te, die drei Götter auf ihrer Suche nach einem guten Menschen entdeckt haben, vor, dass es unmöglich ist, »gut zu sein und doch zu leben« (139)[3]. Shen Te vermag nämlich nur dadurch gut zu sein, dass sie sich als ihr böser Vetter Shui Ta verkleidet und in seiner Rolle ihre Geschäfte auf immer rücksichtslosere Weise betreibt. Brecht kritisiert

> *Zeitgeschicht-licher Bezug*

mit dieser Parabel die Gesellschafts- und Wirtschaftsform des Kapitalismus, die zu seiner Zeit unter anderem zum Niedergang vieler Betriebe und Handelsfirmen geführt und, vor allem nach dem ›Börsenkrach‹ in New York (1929), große Arbeitslosigkeit gebracht hatte. Er war zutiefst davon überzeugt, dass der Kapitalismus das Ende der Weimarer Republik verursacht und das Terrorregime der Nationalsozialisten begünstigt hat, dass er darum für den Krieg, in dem man sich befand, mitverantwortlich war. Diese Deutung der Geschichte ist aber keineswegs nur die einseitige Sicht des Marxisten Brecht; Hitlers Unterstützung durch die Großindustrie ist eine historische Tatsache.

Als Brecht im Januar 1941 das Manuskript des *Guten Menschen von Sezuan* abschloss, war er auf seinen Exilstationen inzwischen in Finnland angekommen. Es war sein sechstes Stück, für das er nicht so bald mit einer Aufführung rechnete. Dennoch war er enttäuscht über die ausbleibende Reaktion von Freunden in Schweden, der Schweiz und den USA, an die er im April 1941 »zahlreiche exemplare«[4] ver-

1. ERSTINFORMATION ZUM WERK 7

schickt hatte. Auch die nach der Übersiedlung im Juli 1941 unternommenen Versuche, das Stück in den USA herauszubringen, blieben erfolglos. Die Uraufführung fand erst am 4. Februar 1943 am Schauspielhaus Zürich statt, wo 1941 bereits *Mutter Courage und ihre Kinder* erstmals auf die Bühne gekommen war. Während des Krieges und in den ersten Jahren danach kam es noch zu einigen wenigen Inszenierungen im Ausland, die aber geringe Resonanz auslösten. Die deutsche Erstaufführung an den Städtischen Bühnen Frankfurt am Main fand am 16. November 1952 statt. Von Brechts eigener Theatertruppe, dem 1949 in Ostberlin gegründeten Berliner Ensemble, wurde das Stück erst nach seinem Tod, im Oktober 1957, gespielt.

> *Uraufführung und deutsche Erstaufführung*

Die wenigen frühen Aufführungsdaten scheinen nicht gerade für ein erfolgreiches Stück zu sprechen. Tatsächlich war bei der Premiere in Zürich das Echo uneinheitlich. Es überwog zwar die Zustimmung, manchen Kritikern aber hatte das Stück nicht gefallen, weil sie es als reinen Klassenkampf[5] oder als einen Angriff gegen die christliche Religion wahrnahmen. Doch lag das, wie die zeitgenössischen Rezensionen belegen,[6] wohl eher an der Inszenierung als am Stück selbst. Jedenfalls weisen die Aufführungsstatistiken aus, dass die anfangs zögerliche Resonanz sich bald ins Gegenteil verkehrte. *Der gute Mensch von Sezuan* avancierte zu einem der meistgespielten Stücke Bertolt Brechts, allein seit der deutschen Erstaufführung bis zu Brechts Tod gab es etwa zwanzig Inszenierungen an europäischen Bühnen.[7]

Dass die Theater das Stück auch heute noch aufführen, ist wohl kaum nur der Verehrung eines großen Dramatikers geschuldet. Auch seine ›Klassizität‹ reicht als Begründung nicht aus. Eher dürfte dafür die Parabelform des Stücks

8 1. ERSTINFORMATION ZUM WERK

maßgeblich sein, die eine nur historische Deutung verbietet und unschwer eine Aktualisierung zulässt, wenn nicht sogar einfordert. Der italienische Regisseur Giorgio Strehler beispielsweise verlegte 1981 in einer berühmt gewordenen Inszenierung am Mailänder Theater den Schauplatz in »die ausgefransten Ränder einer italienischen Großstadt, in denen die Bauten an ungepflasterten, kotigen Straßen allmählich in Hüttensiedlungen übergehen«; und als »Vetter Shui Ta es geschafft hat, eine Tabakfabrik aufzuziehen, steht, von Stacheldraht umzäunt, eine Bauhütte mit dem Lohnbüro« auf der Bühne, »Wahrzeichen der zu Lagerhaltung von Menschen verkommenen Gesellschaft«[8].

Ursprünglich wollte Giorgio Strehler, wie er in einem Interview sagte, den *Guten Menschen* in der Dritten Welt ansiedeln, »in Chile vielleicht oder Lima statt Sezuan«. Ihm »war klar, daß die Götter dann katholische Götter sein mußten«. Die Kirche jedoch, fügte er hinzu, »spielt in der Dritten Welt, zumal in Lateinamerika, eine progressive Rolle, leistet in nicht wenigen Ländern Widerstand gegen Diktaturen. Das heißt aber: Der *Gute Mensch*, der in der Dritten Welt spielt, ist ein politischer Fehler. Wir hätten die Wahrheit verfälscht.«[9]

Auch in der Gegenwart wäre es wohl zu kurzschlüssig, die für das Stück erfundene Stadt Sezuan in die Dritte Welt zu verlegen und damit aus Deutschland und der westlichen Welt zu verbannen. Die Parabel könnte heute beispielsweise eine kritische Reflexion der Globalisierung als neuer Form des Kapitalismus auslösen, die weltweit nicht nur zu großem Wohlstand, sondern auch zum Verlust zahlloser Arbeitsplätze geführt hat. Oder sie könnte ein Nachdenken bewirken über die Folgen der so genannten ›Öff-

Aktualität des Stückes

1. ERSTINFORMATION ZUM WERK   9

nung der Märkte‹, einschließlich der Arbeitsmärkte, die nicht nur neue Chancen, sondern auch neue Ausbeutung arbeitsuchender Menschen bewirkt hat. Nicht zuletzt könnte, was unter dem Schlagwort ›Neue Armut‹ zu einem brisanten gesellschaftspolitischen Thema geworden ist, dem zentralen Problem des Stücks, wie Menschen gut sein und dennoch menschenwürdig leben können, einen aktuellen Wirklichkeitsbezug geben.

Die Immanenz solcher sozialer und ethischer Themen, die das Stück für eine gegenwärtige theatralische Deutung interessant machen, rechtfertigt in gleicher Weise eine schulische Beschäftigung mit ihm. Diese braucht dort also nicht allein mit literatur- bzw. theatergeschichtlichen Argumenten gestützt zu werden. Die Frage, ob es für die aufgeworfenen Probleme auch Lösungen gibt, reicht freilich in beiden Zusammenhängen über die Wirklichkeit des Theaterstücks hinaus in die Lebenswirklichkeit der Zuschauer oder der schulischen Leserinnen und Leser.

Brecht hat in allen seinen Dramen zeigen wollen, welche Lösung er sich vorstellt. Seine Absicht war, mit den Theaterstücken das Bewusstsein des Zuschauers in seinem Sinne für die Probleme der eigenen Lebenswelt zu schärfen und ihn zu motivieren, in Konsequenz aus dem auf der Bühne Gesehenen aktiv für eine Veränderung der politisch-gesellschaftlichen Realität, das heißt für die Gestaltung einer humanen Welt, zu wirken. Im Stück *Der gute Mensch von Sezuan* scheint Brecht allerdings von dieser Praxis abzuweichen. Denn das Stück endet mit der berühmt gewordenen Aussage, dass das gezeigte Spiel alle Fragen offen lasse und die Lösung der Probleme dem Zuschauer überantwortet sei. Ob Brecht sich damit selbst untreu geworden ist und dies tatsächlich

10 1. ERSTINFORMATION ZUM WERK

zutrifft, wird in den Analysen dieses *Lektüreschlüssels* zu überprüfen sein.

Den Erörterungen liegt die Textausgabe in der *edition suhrkamp* zugrunde. Zunächst soll eine ausführliche und detaillierte Inhaltsangabe Hilfen zum Verstehen bieten. Sie weist bereits auf alle Einzelheiten hin, die in den folgenden Kapiteln unter den für eine Interpretation zentralen Gesichtspunkten behandelt werden: Thematik, Personendarstellung, Werkaufbau, ästhetische Form und Wirkungsabsicht. Wort- und Sacherklärungen erläutern die Bedeutung von Wörtern und Textanspielungen, vor allem aus der Bibel, die den heutigen Leserinnen und Lesern nicht unmittelbar bekannt sind. Ein Vergleich mit der Ausformung der Thematik durch andere Dichter sowie biografisches Hintergrundwissen zum Autor und seinem Gesamtwerk geben zusätzliche Verständnishilfen.

2. Inhalt

Schauplatz des Stücks ist »die Hauptstadt von Sezuan« (6).
Damit ist eine fiktive Stadt gemeint, nicht die reale Hauptstadt der chinesischen Provinz Sezuan, die Cheng-du heißt.
Die Stadt ist »halb europäisiert« (6), hat weder eine Wasserleitung noch Autos, aber schon Zementfabriken. Gezeigt
wird nicht die ganze Stadt, sondern nur ein Vorstadtviertel.

Vorspiel. Drei der höchsten Götter sind auf die Erde gekommen und durchwandern die Provinzen
Chinas auf der Suche nach guten Menschen.
Denn den »Himmel« (7) haben viele Klagen
erreicht, dass es auf der Erde immer schwerer
werde, gut zu sein. Die Götter sollen dies
überprüfen, wobei als Maxime der Beschluss gilt: »Die Welt
kann bleiben, wie sie ist, wenn genügend gute Menschen gefunden werden, die ein menschenwürdiges Dasein leben
können« (10).

> *Prüfauftrag: Kann die Welt bleiben, wie sie ist?*

Der obdachlose Wasserträger Wang empfängt die Götter
am Eingang der Hauptstadt von Sezuan und versucht, ihnen
ein angemessenes Quartier zu beschaffen; er
wird aber vor den Türen der Reichen abgewiesen. Nur seine Freundin Shen Te, eine
Prostituierte, ist schließlich bereit, die Götter
für eine Nacht zu beherbergen, obwohl sie
dafür einen Freier versetzen muss und deswegen die fällige
Miete nicht wird zahlen können.

> *Shen Te beherbergt die Götter*

Am nächsten Morgen bedanken sich die Götter für die
Gastfreundschaft, erfreut darüber, in Shen Te einen der gesuchten guten Menschen gefunden zu haben. Diese bekennt

12 2. INHALT

ihnen jedoch, dass sie sich verkaufe, um nicht zu verhun-
gern, und auch sonst nicht in der Lage sei, die
Gebote des Himmels einzuhalten, weil alles
»so teuer« (16) sei. Die Götter ermahnen sie,
trotz ihrer Armut immer gut zu sein, und
bezahlen ihr, um die Voraussetzungen dafür
zu verbessern und ihre »Mission« (10) nicht
von vornherein scheitern zu lassen, die Über-
nachtung mit »über tausend Silberdollar« (18).

*Die Götter er-
mahnen Shen Te
zum Gutsein und
machen ihr ein
Geldgeschenk*

1. Ein kleiner Tabakladen. Shen Te hat sich von dem groß-
zügigen Geldgeschenk der Götter einen klei-
nen Tabakladen gekauft, dessen Ertrag ihr
auch gestatten soll, »viel Gutes tun zu können« (18). Noch bevor ihr Laden eröffnet ist,
bekommt sie hierfür reichlich Gelegenheit.
Als erste Bittstellerin taucht Frau Shin auf, die frühere Besitzerin, und erbettelt Reis für ihre Kinder. Von ihr erfährt
Shen Te auch, dass in dem heruntergekommenen Vorstadtviertel nichts zu verdienen sei. Statt sich aber dafür zu ent-
schuldigen, dass sie dies beim Verkauf verschwiegen hat,
will sie von Shen Te noch Geld leihen und wirft ihr vor, sie
und ihre Kinder ins Elend gestürzt zu haben.

*Shen Tes Bereit-
schaft, Gutes
zu tun*

Nach Frau Shin bittet der jetzt arbeits- und obdachlose
ehemalige Tabakhändler Ma Fu mit seiner Frau und ihrem
Neffen um Unterkunft. Shen Te, die in deren Haus gewohnt
hatte, als sie vom Land in die Stadt kam, hat Mitleid mit ihnen, obwohl die Familie ihr gegenüber hartherzig war und
sie auf die Straße gesetzt hatte, als ihr bisschen Geld ausge-
gangen war.

Der dritte ›Kunde‹ ist ein Arbeitsloser, ein »abgerissener
Mann« (20), der Shen Te um Zigaretten bittet, die beim Um-

zug beschädigt worden sind. Als sie ihm einige schenkt, werfen ihr die anderen vor, dass sie auf diese Weise das Geschäft in wenigen Tagen ruinieren werde. Ma Fu macht ihr den Vorschlag, sie solle sich der Bittsteller mit dem Argument erwehren, der Laden gehöre einem Vetter, der von ihr eine genaue Abrechnung verlangt. Shen Te geht nicht darauf ein. Als dann der Schreiner Lin To kommt und die Stellagen bezahlt haben möchte, die er noch der Shin lieferte, schiebt Ma Fus Frau den Vetter vor, an den er sich mit seiner Forderung von hundert Silberdollar wenden möge. Shen Te schweigt unentschlossen, sie denkt daran, dass auch der Schreiner eine Familie hat, die ernährt werden muss. Schließlich kommt aber noch Frau Mi Tzü, die Hausbesitzerin, und verlangt für den Mietvertrag einen Bürgen. Von den Forderungen in die Enge getrieben, übernimmt Shen Te nun die ihr soufflierte Idee und erfindet einen in Schun lebenden Vetter Shui Ta, an den sie die finanziellen Ansprüche verweist.

> *Shen Te erfindet ihren Vetter Shui Ta*

Während die Gläubiger sich zurückziehen, trifft nach und nach Ma Fus weiterer Anhang – das Personenverzeichnis nennt sie alle zusammen »Die achtköpfige Familie« (6) – ein und macht sich in Shen Tes Laden so breit, dass sie selbst ihn über Nacht verlassen muss. Zuvor singen drei der Ladenbesetzer zur »Unterhaltung« ihrer Gastgeberin (27) im Wechselgesang noch »Das Lied vom Rauch« (27 f.). Dieses stellt fest, dass sich für die Armen weder Tugenden noch Verbrechen auszahlten. Für die Jungen stünde die Tür zwar weit offen, sie führe aber nur ins Nichts.

> *Shen Tes Laden als Asyl der Besitzlosen*

Zum Publikum gewendet zeigt Shen Te zum Ende der Szene Verständnis dafür, dass jeder in ihrem Laden wie in einem kleinen »Nachen« Zuflucht suche. Sie fügt aber auch hinzu: »Zu viele Versinkende / Greifen gierig nach ihm« (29).

Zwischenspiel. (Unter einer Brücke.) Wang wird von den Göttern, die ihm im Traum erscheinen, beauftragt, ihnen kontinuierlich über ihren guten Menschen zu berichten. Außerdem erhält er die Aufgabe, Shen Tes Güte ständig neu herauszufordern, »denn keiner kann lang gut sein, wenn nicht Güte verlangt wird« (31). Sie selbst würden ihre Reise durch China fortsetzen, um weitere gute Menschen zu finden, »damit das Gerede aufhört, daß es für die Guten auf unserer Erde nicht mehr zu leben ist« (31).

> *Die Götter erwählen Wang zu ihrem Berichterstatter*

2. Der Tabakladen. Zum großen Erstaunen der ungebetenen Gäste tritt das Unerwartete ein: Am nächsten Morgen steht der erfundene, von Shen Te gespielte Vetter Shui Ta leibhaftig im Laden und fordert sie höflich, aber bestimmt zum Gehen auf, damit seine Kusine ihr Geschäft betreiben könne. Sie nehmen den Vetter jedoch nicht ernst und schicken unbekümmert den Sohn zum Diebstahl des Frühstücks aus. Daher werden sie, nachdem Shui Ta einen Polizisten gerufen hat, allesamt auf die Wache abgeführt. Zuvor erleben sie aber noch mit, wie Shui Ta eine Probe seiner Fähigkeiten gibt: Er bringt den Schreiner um den gerechten Lohn, indem er seine Forderungen von hundert Silberdollar auf zwanzig herunterhandelt, und ruiniert ihn damit.

> *Shen Te gibt als Shui Ta erste Proben vom Funktionieren der Handelsgesetze*

2. INHALT 15

Bei der Hausbesitzerin Mi Tzü hat Shui Ta weniger Erfolg. Als diese wegen Shen Tes Vergangenheit eine Mietvorauszahlung von zweihundert Silberdollar fordert, scheint auch er ratlos. Der Polizist hat dann die rettende Idee, Shen Te an einen reichen Mann zu verheiraten. Eine Annonce wird formuliert und aufgegeben.

> Geldheirat als Lösung für Shen Tes finanzielle Probleme

3. Abend im Stadtpark. Shen Te ist im Teehaus am Teich mit dem reichen Barbier Shu Fu verabredet, der sich auf die Annonce gemeldet hat. Unterwegs trifft sie im Stadtpark auf den jungen, abgerissenen Flieger Yang Sun, der sich gerade aufhängen will, weil er jede Hoffnung auf eine Anstellung aufgegeben hat. Ein Regenschauer treibt Shen Te zu ihm unter den Baum. Es entspinnt sich ein »zartes Gespräch. Zum ersten Mal kostet [... sie] die Freude einer von materiellen Interessen ungetrübten Beziehung zwischen Mann und Weib«[10].

> Shen Te verliebt sich in Yang Sun

Während Shen Te und Sun unterm Baum zusammensitzen, kommt Wang vorbei und singt das »Lied des Wasserverkäufers im Regen«. Shen Te erkennt ihn und besteht darauf, ihm für Sun einen Becher Wasser abzukaufen, obwohl dies bei dem Regen eigentlich überflüssig ist. Als sie zurückkommt, ist Sun eingeschlafen. »Lachend« ruft sie Wang zu: »Die Hoffnungslosigkeit und der Regen und ich haben ihn müde gemacht« (52). Die beiden bleiben die Nacht über im Stadtpark.

Zwischenspiel. (Wangs Nachtlager in einem Kanalrohr.) Wieder erscheinen dem schlafenden Wang die Götter im Traum. Wang erzählt wahrheitsgemäß von Shen Tes Freund-

16 2. INHALT

Wang berichtet den Göttern von Shen Tes guten Taten und den Untaten des Vetters

lichkeit und Güte, verschweigt aber auch nicht, dass Shui Ta den Schreiner ruiniert hat. Die Götter bekennen, von Geschäften nichts zu verstehen, und beklagen das Geschäftemachen insgesamt als überflüssig, unwürdig und anrüchig: es kollidiere mit Buchstabe und Geist der göttlichen Gebote. Sie verbieten daher weitere Auftritte des Vetters.

4. Platz vor Shen Te's Tabakladen. Kurz bevor Shen Te, den Morgen lobend und mit einem Topf Reis für ihre Kostgänger unterm Arm, vergnügt von ihrem Rendezvous mit Sun zum Laden zurückkehrt, wird Wang vom Barbier Shu Fu mit einer schweren Brennschere die Hand zerschlagen, weil er mit seinem Wasserverkauf dessen Kunden belästigt habe. Shen Te bemerkt Wangs Verletzung wegen ihrer guten Laune zunächst nicht. Außerdem ist sie glücklich über das unerwartete Angebot des Teppichhändlerehepaars von nebenan, ihr die dringend benötigten zweihundert Silberdollar für die Halbjahresmiete zu leihen. Das »sehr alte Paar« (58) mag Shen Te, es hat ihre Heiratsannonce missbilligt und überlässt ihr nun, weil es ihr vertraut, das geliehene Geld ohne Schuldschein.

Shen Te bekommt ein Darlehen für die Mietvorauszahlung

Als Shen Te von Frau Shin auf Wangs kaputte Hand aufmerksam gemacht wird, ist sie über ihre Achtlosigkeit entsetzt. Sie will ihm zu Schadensersatz verhelfen, muss jedoch erfahren, dass die Augenzeugen, weil sie arm und folglich machtlos sind, vor Gericht nicht gegen den reichen Barbier auftreten wollen. She Te beschließt daher, Wang durch einen Meineid selbst zu helfen. Während Wang zum

Richter läuft, erscheint Frau Yang, die Mutter Suns, und berichtet, ihr Sohn habe Aussicht auf eine Fliegerstelle in Peking, wenn er fünfhundert Silberdollar Bestechungsgeld beibringe. Damit diese Chance nicht am Geld scheitert, übergibt Shen Te Frau Yang die gerade für die Miete geborgten zweihundert Silberdollar. Um den Rest zu beschaffen, hält sie es für nötig, wiederum den Vetter zu bemühen, den sie eigentlich nicht mehr rufen wollte.

> *Shen Te opfert das Mietdarlehen für die Zukunft ihres Geliebten*

Zwischenspiel vor dem Vorhang. Shen Te verwandelt sich auf offener Bühne in Shui Ta und nimmt dabei, während sie das »Lied von der Wehrlosigkeit der Götter und Guten« singt, auch seine Gebärden und seine Stimme an. Die Götter und die Guten, heißt es in dem Lied, seien beide gleichermaßen machtlos angesichts der herrschenden schlechten Verhältnisse. Es sei »Härte« (66), wenn nicht gar Revolution notwendig, damit sich daran etwas ändert.

> *Shen Te verwandelt sich in Shui Ta*

5. Der Tabakladen. Shui Ta sitzt »hinter dem Ladentisch [...] und liest die Zeitung« (66). Als Yang Sun von draußen nach Shen Te ruft, läuft er wie sie »mit leichten Schritten [...] zu einem Spiegel und will eben beginnen, sich das Haar zu richten, als er im Spiegel den Irrtum bemerkt« (67) und sich bewusst wird, dass er ja als ihr Vetter Shui Ta aufzutreten hat. Yang Sun eröffnet ihm in einem Gespräch »unter [...] Männern« (68), dass er nur zur Heirat mit Shen Te bereit sei,

> *Sun offenbart Shui Ta seine wahren Absichten gegenüber Shen Te*

wenn er von ihr auch die restlichen dreihundert Silberdollar für die Fliegerstelle in Peking bekomme. Dass seine Bestechung des Hangarverwalters einen Familienvater die Existenz kostet, kümmert den egoistischen Sun nicht. Shui Ta ist schließlich trotz vieler Bedenken bereit, den Laden unter Preis an die ehemalige Besitzerin zu verkaufen, um das benötigte Geld zu beschaffen. Als ihm Yang Sun aber offen sagt, dass er gar nicht daran denkt, Shen Te mit nach Peking zu nehmen, wachsen die Zweifel, ob er sich richtig entschieden hat. Er schreit auf: »Ich bin verloren«, läuft »wie ein gefangenes Tier« unruhig herum und wiederholt immer wieder: »Der Laden ist weg!« (73). Dann wendet er sich an Frau Shin und klagt die »furchtbaren Zeiten« an, in denen es Armen wie ihnen nur Unglück bringe, jemanden zu lieben, denn die Liebe sei von allen Schwächen die »tödlichste« (73). Dennoch aber fragt er sich auch – und dies wohl eher als Shen Te denn als Shui Ta –, ob man ohne Liebe leben könne, »immer auf der Hut« (73).

Frau Shin bietet Shui Ta an, mit dem Barbier Shu Fu zu reden, der sich für Shen Te interessiert. Als der Barbier kommt und von Shen Tes Ruin erfährt, erklärt er sich bereit, ihr, die wegen der »Güte ihres Herzens« von den Menschen des Viertels »Engel der Vorstädte« (74) genannt werde, zu helfen. Die Obdachlosen, um die sich Shen Te kümmere, wolle er in seinen leer stehenden Häusern unterbringen.

| Shu Fu wirbt um Shen Te |

Das Gespräch wird unterbrochen, als Wang mit dem Polizisten in den Laden kommt. Er sucht Shen Te, die für ihn gegen den Barbier Shu Fu aussagen wollte. Shui Ta hält ihm entgegen, dass ihre Aussage zugunsten Wangs eine Falschaussage wäre, seine Kusine sich aber in ihrer gegenwärtigen

Situation nicht die »allerkleinste Schwäche« (76) mehr leisten könne.

Nachdem Wang resigniert den Laden verlassen hat, geht Shui Ta ins Hinterzimmer, angeblich, um seine Kusine zu verständigen, die sich gewiss »vernünftig« zeigen und den reichen Barbier Shu Fu heiraten werde. In Wahrheit zieht er sich zurück, um sich wieder in Shen Te zurückzuverwandeln. Inzwischen wendet sich Shu Fu an das Publikum und fordert es auf, seine selbstlose, feinfühlige und hilfsbereite Haltung zu bewundern. Mit schmeichlerischen Worten bezeichnet er Shen Te, die ehemalige Hure, als das »keuscheste Mädchen« der Stadt (78).

Als Sun zurückkommt und Shen Te an ihre Liebe erinnert, schiebt sie jeden Gedanken an eine »Vernunftheirat« (79) beiseite und verdrängt auch alles Wissen um den unverschämten Egoismus des Fliegers. Sie gibt ihren Gefühlen nach und entscheidet sich für Sun, den sie liebt, auch wenn der sie nicht liebt.

> *Shen Te folgt ihrem Gefühl*

Zwischenspiel vor dem Vorhang. Shen Te ist auf dem Weg zur Hochzeit. An das Publikum gewendet, bekennt sie, im »Aufruhr der Gefühle« (81) ihre Verpflichtung gegenüber dem alten Teppichhändlerpaar vergessen zu haben, das ihr auf Treu und Glauben zweihundert Silberdollar geliehen hätte. Nun sei deren Existenz bedroht, wenn sie das Geld nicht zurückgebe. Sie schwebe »zwischen Furcht und Freude«, ob sie stark genug sein werde, »das Gute« in Sun »anzurufen« (82), und ob er auf das Geld verzichte, um die Stelle als Postflieger nicht einer Untat verdanken zu müssen.

> *Shen Te zwischen Hoffnung und Zweifel*

6. Nebenzimmer eines billigen Restaurants in der Vorstadt. Die Hochzeitsgesellschaft ist versammelt; es sind die Obdachlosen, die Shui Ta aus dem Laden trieb und die jetzt bei der Feier als Familienersatz fungieren. Außer Hörweite der Gäste berichtet Yang Sun seiner Mutter, dass Shen Te ihren Tabakladen nicht verkaufen werde, da er an das alte Teppichhändlerpaar verpfändet sei. Damit könne er auch seine Pläne von der Fliegerei aufgeben. Nur der Vetter könne jetzt noch helfen, er habe daher bereits nach ihm geschickt. Suns Mutter begreift sofort, was diese Mitteilung bedeutet: Ohne die dreihundert Silberdollar findet keine Hochzeit statt.

> Die ›geplatzte‹ Hochzeit

Noch glaubt Shen Te, wie sie dem Publikum versichert, an Suns Liebe: Mit keiner Miene habe er Enttäuschung über den Verzicht auf die Fliegerstelle gezeigt. Doch sie irrt sich gewaltig. Als Sun die Hochzeitszeremonie ständig hinauszögert, eröffnet er Shen Te auf ihre Nachfrage unumwunden, er warte auf den Vetter, der das restliche Geld bringe. Da Shui Ta aber nicht kommen kann, löst sich die Hochzeitsgesellschaft schließlich auf, zumal inzwischen auch kein Wein mehr da ist; der bestellte Bonze begibt sich unverrichteter Dinge zum nächsten heiratswilligen Paar. Sun, der reichlich getrunken hat, singt für seine Braut »Das Lied vom Sankt Nimmerleinstag«. Es handelt vom versprochenen Paradies auf Erden, auf das die Armen hoffen, das aber nie kommen wird. Wie die Armen im Lied erwarten am Ende der Szene auch Sun und seine Mutter, unentwegt auf die Tür starrend, das Eintreffen des Vetters. Shen Te erhält die zweihundert Silberdollar nicht zurück.

Zwischenspiel. (Wangs Nachtlager.) Die drei Götter, die inzwischen vom Umherwandern schon ziemlich ramponiert sind, erscheinen wiederum Wang im Traum. Der liest ihnen aus einem »imaginären Buch« das Gleichnis vom »Leiden der Brauchbarkeit« vor. Es zeigt am Beispiel von Bäumen, dass alles, was sich als gut, nützlich, brauchbar erweist, schnell seiner Verwendung, und das heißt seiner Vernichtung, zugeführt wird: Die brauchbaren Bäume werden abgesägt, noch ehe sie ausgewachsen sind; die unnützen haben dagegen alle Chancen, verschont zu bleiben. So gehe es, meint Wang, auch den Menschen. Der Schlechteste, Unbrauchbarste sei demnach der Glücklichste. Auch Shen Te sei »in ihrer Liebe gescheitert, weil sie die Gebote der Nächstenliebe« befolgt habe (94). Die Götter widersprechen Wangs Deutung; seine Bitte, helfend einzugreifen, lehnen sie jedoch ab, weil sie sich nur als »Betrachtende« (95) verstehen. Außerdem sind sie der Auffassung, dass »Leid läutert« (94) und die Kraft eines guten Menschen mit seiner Bürde wächst (95).

> Die Götter bekräftigen ihren Standpunkt als »Betrachtende« des Weltgeschehens

7. Hof hinter Shen Te's Tabakladen. Shen Te sagt Frau Shin, sie wolle den Laden aufgeben und ihre Tabakvorräte an die Hausbesitzerin verkaufen, um den beiden Alten das geliehene Geld zurückgeben zu können. Sie denke daran, in einer Tabakfabrik zu arbeiten. Während sich die beiden Frauen noch unterhalten, »stürzt« der Barbier Shu Fu herein (96), der nun seine Chance bei Shen Te gekommen sieht. Diese nimmt sein Angebot an, zusammen mit der achtköpfigen Familie, dem ruinierten Schreiner Lin To und dem Arbeitslosen in seinen verwahrlosten Baracken unterzukommen. Den Blankoscheck aber, den er ihr, um seine vorgebliche Selbstlosigkeit zu beweisen, »still und be-

> Shu Fus zwiespältiges Hilfsangebot

scheiden, ohne Gegenforderungen« (97) gibt, damit sie weiterhin den Armen helfe, gedenkt sie zunächst nicht einzulösen. Frau Shin durchschaut das scheinheilige Manöver Shu Fus, doch sie rät Shen Te, die Gelegenheit zu nutzen. Diese zögert; sie denkt noch immer an Yang Sun und vor allem denkt sie an das Kind, das sie von ihm erwartet. In einer Pantomime stellt sie es dem Publikum als einen künftigen großen Flieger vor, mit dem man »rechnen« müsse.

Die schwangere Shen Te übernimmt, in entschlossener Sorge um die Zukunft ihres Kindes, die Rolle Shui Tas und gründet eine Tabakfabrik

Als Shen Te beobachtet, wie ein ausgehungertes Kind des Schreiners in der Mülltonne nach Essbarem sucht, reagiert sie entsetzt und beteuert entschlossen, ihrem Kind eine bessere Zukunft zu schaffen; nur zu ihm will sie künftig noch gut sein, allen anderen gegenüber aber, »wenn's sein muß«, sich wie ein »Tiger und wildes Tier« (104) verhalten. Ihrem ungeborenen Kind zuliebe verwandelt sich Shen Te wieder in ihren Vetter. Shui Ta verkauft den Laden der Hausbesitzerin nicht, sagt ihr vielmehr die Zahlung der Halbjahresmiete zu. Er schreibt den Blankoscheck des Barbiers auf zehntausend Silberdollar aus und vertreibt sodann die Armen aus dessen Baracken, um dort eine Tabakfabrik einzurichten. Drei Rohtabakballen, die die achtköpfige Familie gestohlen und in Shen Tes Laden untergestellt hatte, nimmt er als Startkapital an sich. Allen, die bisher von Shen Te versorgt worden sind, bietet er Arbeit in der Tabakfabrik an; nur wer arbeitet, soll künftig auch zu essen bekommen. Shen Tes Absicht, die zweihundert Silberdollar an die beiden Alten zurückzuzahlen, ist ebenso vergessen wie ihre Bereitschaft, die Arztkosten für die Behandlung von Wangs steif gewordener Hand zu übernehmen.

2. INHALT **23**

Zwischenspiel. (Wangs Nachtlager.) Der schlafende Wang berichtet den Göttern von einem Traum, in dem Shen Te unter dem »Ballen der Vorschriften« (109), das heißt unter den göttlichen Geboten, zusammenzubrechen drohte. Er bittet sie »in Anbetracht der schlechten Zeiten« um eine »kleine Erleichterung« und macht den Vorschlag, Liebe durch Wohlwollen, Gerechtigkeit durch Billigkeit und Ehre durch Schicklichkeit zu ersetzen (109f.). Die Götter, die

> *Wang bittet die Götter vergeblich um Erleichterung der Shen Te gestellten Forderungen*

von ihrer »langen Wanderung [...] müde« (109) erscheinen, weisen dies aber als zu schwer und zu mühselig zurück.

8. Shui Ta's Tabakfabrik. In einer Rückblende, deren wichtigste Stationen dem Publikum als Spiel im Spiel gezeigt werden, berichtet Frau Yang voller Stolz, wie ihr Sohn es ihrer Meinung nach durch Umsicht und Intelligenz doch noch zu etwas gebracht habe. Die Spielszenen zeigen allerdings etwas anderes.

Weil ihn Shui Ta wegen Bruchs des Eheversprechens und der Veruntreuung von zweihundert Silberdollar angezeigt hatte, stand Yang Sun vor der Alternative »Kittchen oder Fabrik« (112). Er entschied sich für die Fabrik und schaffte dort durch brutale Rücksichtslosigkeit den Aufstieg zum Aufseher. In der letzten Szene der Rückblende singen die Arbeiter das als Spottlied gemeinte »Lied vom achten Elefanten«. Es erzählt von sieben Arbeitselefanten, die, ungeachtet ihrer ausgebrochenen Stoßzähne, im Akkord einen Wald roden müssen, während der achte sie, unter dem höhnischen Lachen ihres Herrn, mit seinen Stoßzähnen »zuschanden« schlägt (117). Yang Sun

> *Suns Aufstieg vom stellungslosen Flieger zum Fabrikaufseher*

fängt den Spott der Arbeiter auf und wendet ihn sogar gegen sie, indem er in das Lied einstimmt und sie mit immer schneller werdendem Takt zu immer schnellerer Arbeit antreibt.

9. Shen Te's Tabakladen.

Der Laden hat sich mittlerweile in ein vornehmes Büro verwandelt, und in der Stadt wird Shui Ta der »Tabakkönig« (127) genannt. Doch der Aufstieg geschieht zu Lasten anderer. So kam für das Teppichhändlerpaar die Rückzahlung der geliehenen zweihundert Silberdollar zu spät; sie haben ihren Laden verloren, weil sie ihre Steuern nicht rechtzeitig bezahlen konnten.

Der Preis des ökonomischen Erfolgs

Frau Shin hat die wahre Identität von Shui Ta durchschaut. Gegen entsprechendes Entgelt ist sie bereit, Shen Te, die mittlerweile im siebten Monat ist, zu helfen, dass kein Gerede aufkommt und vor allem Herr Shu Fu nichts erfährt.

Frau Shin als Mitwisserin Shen Tes

Yang Sun, der inzwischen zum Prokuristen der Firma aufgestiegen ist, fordert Shui Ta auf, mit Herrn Shu Fu über neue Fabrikräume zu verhandeln; die Polizei drohe die Fabrik zu schließen, da sie »allerhöchstens doppelt so viele Menschen pro Raum zulassen [könne], als gesetzlich erlaubt sei« (120). Als Shui Ta von »unerfüllbare[n] Bedingungen« des Barbiers spricht, ohne aber deren Inhalt mitzuteilen, hält ihm Sun ärgerlich sein in letzter Zeit sonderbar »reizbar[es] und melancholisch[es]« (121) Verhalten vor. Shui Ta könnte die Ursache dieser zutreffenden Beobachtung freilich nur aufklären, wenn er sich als Shen Te zu erkennen gäbe, die den Vater ihres Kindes

Sun bedrängt Shui Ta, die Zukunft der Fabrik zu sichern

noch immer liebt und deshalb zögert, den Zudringlichkeiten des Barbiers nachzugeben. Er sieht jedoch keine Möglichkeit, seine Rolle als Vetter aufzugeben.

Wang fragt nach Shen Tes Verbleib, da im Viertel allerhand Gerüchte kursieren. Er klärt Sun darüber auf, dass seine frühere Geliebte von ihm ein Kind erwartet. Diese Mitteilung ändert Suns Verhalten gegenüber Shui Ta, den er bisher als seinen Vorgesetzten anerkannt hat, schlagartig. Er will aus seiner Vaterschaft Vorteile für sich ziehen und pocht auf seine Rechte an der Firma. Als er, während Shui Ta sich kurz in das hintere Zimmer des Büros zurückzieht, ein Schluchzen vernimmt, ist er sicher, dass dies nur von Shen Te stammen könne. Mit der Drohung, Shui Ta wegen Freiheitsberaubung anzuzeigen, wenn er sich seinen Forderungen nicht beuge, verlässt er das Büro.

Sun erfährt von der Schwangerschaft Shen Tes und will sie zu seinem Vorteil nutzen

Shui Ta verhandelt mit dem Barbier und der Hausbesitzerin. Shu Fu, dem er in Aussicht stellt, Shen Te doch noch zu bekommen, soll die Erweiterung der Tabakfabrik bezahlen und Mi Tzü wird »die Etablierung von zwölf schönen Läden« aus ihrem Besitz (127) unter der Bedingung fördern, dass ihr Sun »überlassen« (126) wird. Als der Handel perfekt scheint, tauchen Wang und Yang Sun mit dem Polizisten in dem Büro auf; von draußen hört man eine aufgeregte Volksmenge. Sie werfen Shui Ta vor, Shen Te gegen ihren Willen festzuhalten. Im Hinterzimmer wird sie zwar nicht gefunden, Wang entdeckt aber unter dem Tisch ein Bündel mit ihren Kleidern. Daraufhin wird Shui Ta des Mordes an seiner Kusine beschuldigt und verhaftet.

Shui Ta wird wegen Verdacht des Mordes an Shen Te verhaftet

26 2. INHALT

Zwischenspiel. (Wangs Nachtlager.) Zum letzten Mal erscheinen die Götter dem Wasserverkäufer im Traum. Aufgrund »tiefer Erschöpfung und mannigfaltiger böser Erlebnisse« (130) sind sie völlig ramponiert. Ihre Suche nach guten Menschen ist gescheitert. Der dritte Gott zieht das Fazit: »Die Welt ist unbewohnbar, ihr müßt es einsehen!« (131). Der erste Gott gibt aber noch nicht auf. Entgegen den Bedingungen des himmlischen Beschlusses, nach dem »genügend gute Menschen« gefunden werden müssen, behauptet er, der eine gute Mensch, Shen Te, genüge als Beweis für den menschenwürdigen Zustand der Welt. Da Shen Te allerdings verschwunden sei, müssten sie sie nur noch wiederfinden.

> *Die Götter beharren wider besseren Wissens auf dem Erfolg ihres Auftrags*

10. Gerichtslokal. Die Gerichtsverhandlung wird von den drei Göttern geführt, die sich – durch Bestechung des Amtsrichters – den Vorsitz erschlichen haben. Die Armen und Ausgebeuteten der Stadt belasten Shui Ta, der seine Härte mit dem Argument entschuldigt, er habe seiner weltfremden Kusine helfen müssen. Nach ihrem derzeitigen Aufenthaltsort befragt, weiß er keine Antwort. In die Enge getrieben, verspricht er ein Geständnis, wenn der Saal geräumt würde. Als er mit seinen Richtern allein ist, reißt er sich die Maske vom Gesicht, steht nun als Shen Te da und klagt die Götter an: »Euer einstiger Befehl, / gut zu sein und doch zu leben, / zerriß mich wie ein Blitz in zwei Hälften« (139). Die Götter sind entsetzt. Sie ignorieren jedoch den bösen Shui Ta, halten ihn für »ein Mißverständnis« (140) und bestehen darauf, in Shen Te den

> *Gerichtsverhandlung unter Vorsitz der Götter*

> *Shen Te enthüllt ihre Doppelrolle*

gesuchten guten Menschen gefunden zu haben. Anstatt einzugestehen, dass die Welt verändert werden müsse, um in ihr leben zu können, finden sie »alles in Ordnung« (141). Sie beordern eine rosa Wolke und fahren auf ihr »sehr langsam nach oben« (141). Der verzweifelt zurückbleibenden Shen Te gestatten sie, sich weiterhin ab und zu des Vetters zu bedienen. Dann, das »Terzett der verschwindenden Götter auf der Wolke« singend, »verschwinden sie [...] lächelnd und winkend« (143).

> Die Götter verlassen den Schauplatz

Epilog. Der Schluss des Stückes scheint weder für Shen Te und die anderen Akteure noch für das Publikum befriedigend. Der Schauspieler, der den Epilog spricht, stellt daher auch fest: »Wir stehen selbst enttäuscht und sehn betroffen / den Vorhang zu und alle Fragen offen« (144). Er fordert die Zuschauer auf, selbst den »Schluß« zu suchen: »Es muß ein guter da sein, muß, muß, muß!« (144).

> Appell an die Zuschauer, das Stück zu Ende zu bringen

3. Personen

Das klassische Drama legte großen Wert darauf, das Handeln und Verhalten der Bühnenfiguren, der so genannten *dramatis personae*, aus ihrem Charakter heraus sichtbar zu machen und zu erklären. Dadurch konnte ein Konflikt individualisiert und die Identifikation des Zuschauers mit den agierenden ›Helden‹ bewirkt werden. Brecht, der in seinem episch-dialektischen Theater die Empathie des Zuschauers mit den Trägern des Bühnengeschehens durch Distanz ersetzen wollte, hat in dieser herkömmlichen Auffassung eine zu große Vereinfachung gesehen. Wichtiger als die Handlungen der Bühnenfiguren aus ihrem Charakter zu erklären, war Brecht, zu zeigen, wie diese aus gesellschaftlichen Verhältnissen resultieren, beispielsweise aus den Machtstrukturen oder aus erlernten sozialen Rollen. »Die Vorgänge unter den Menschen, ihr Verhalten zueinander«, sollen – so Brechts Vorstellung – »dem Befremden der Zuschauer« ausgesetzt werden.[11] Für diese gesellschaftlich bestimmten Handlungsweisen hat er auch einen eigenen Begriff geprägt, er bezeichnete sie mit dem Wort »Gestus«[12]. Bezogen auf diesen gesellschaftlichen »Gestus« liegt es nahe, die Figuren, die das Personenverzeichnis aufweist, nach sozialer Gruppenzugehörigkeit zu strukturieren und ihr soziales Verhalten zu untersuchen.

Gesellschaftlicher Gestus statt Charakterdarstellung

Die Besitzenden werden repräsentiert durch den Barbier Shu Fu, der immer mit »Herr« tituliert wird, und durch die Hausbesitzerin Mi Tsü. Beide gelten als »zwei angesehene Bürger der Stadt« (128), was aber eher ironisch aufzufassen sein dürfte. Tat-

Die Besitzenden

3. PERSONEN 29

sächlich verhalten sie sich egoistisch und schrecken vor keiner Handlungsweise zurück, die ihnen Vorteile bringt. Den Laden Shen Tes will Frau Mi Tsü beispielsweise um einen Spottpreis zurückkaufen, verbrämt diese Absicht aber heuchlerisch als Hilfsangebot. Herr Shu Fu verspricht sich Erfolg, wenn er seinem Liebeswerben um Shen Te mit Geschenken Nachdruck verleiht, aus denen er zuletzt selbst wieder Gewinn erzielt.

Zu den Besitzenden gehörten ehemals auch die Witwe Shin, von der Shen Te ihren Tabakladen kaufte, die zur achtköpfigen Familie zählenden früheren Wirtsleute Shen Tes, Frau Yang, der Schreiner Lin To und das alte Teppichhändlerehepaar; nun sind sie aber alle zum Proletariat herabgesunken, die einen durch den Druck der Verhältnisse, die anderen durch Shui Tas Rücksichtslosigkeit. Repräsentanten des Proletariats sind zudem der Arbeitslose, der Kellner, die alte Prostituierte, die weiteren Mitglieder der achtköpfigen Familie mit dem Sohn, dem Bruder der Frau, der schwangeren Schwägerin, dem Neffen, der Nichte und dem Großvater. In dieser Gruppe der Besitzlosen denkt jeder zuerst an sich, keiner nimmt auf den anderen Rücksicht. Eine für sie typische Verhaltensweise zeigt sich, als der Barbier Shu Fu dem Wasserverkäufer Wang die Hand zerschlägt: Nicht einer von ihnen bringt die Solidarität auf, dieses Unrecht vor Gericht zu bezeugen, aus Angst, es könnte ihm übel vergolten werden.

> *Die Besitzlosen*

Der obdachlose Wang, selbst ein Besitzloser wie auch seine Freundin Shen Te vor ihrem Aufstieg von der Prostituierten zur Geschäftsfrau, ist insofern eine Ausnahme, als er nicht in jedem Fall nur seinen eigenen Vorteil sucht.

> *Der Wasserverkäufer Wang*

30 3. PERSONEN

So bekümmert ihn beispielsweise das Los des verarmten Schreiners und seiner Kinder mehr als seine verkrüppelte Hand. Nicht ohne Grund haben sich die Götter ihn als Berichterstatter über Shen Tes gute Taten ausgesucht. Doch auch der Wasserverkäufer Wang ist keinesfalls frei von Verschlagenheit: Sein Messbecher hat einen doppelten Boden.

Polizist und Bonze lassen sich, als Vertreter von Staat und »Kirche«, zur Kleinbürgerschicht zählen. Der anfangs stellungslose Yang Sun verkörpert einen typischen Aufsteiger; er ist ein berechnender Mensch, der Shen Te von oben herab behandelt, nur auf ihr Geld aus ist und damit in Peking einen Familienvater um seine Stelle bringen will. Rücksichtslos, mittels Intrigen, Denunziationen und Schmeicheleien arbeitet er sich zuerst zum Aufseher und dann zum Prokuristen der Tabakfabrik hoch. In seinem Ausbeuterverhalten wird er nur noch von dem vorgeblich »angesehenen Geschäftsmann« (134) Shui Ta übertroffen, der es bis zum Tabakkönig gebracht hat.

> *Der Aufsteiger Yang Sun*

Shui Ta und Shen Te sind in dieser Strukturierung unter die übrigen Figuren eingereiht. Das Besondere an ihnen ist, dass sie als eigenständige dramatische Figuren nur gesehen werden können, insofern sie jeweils in ihrer Rolle ›für sich‹ auftreten, dass sie tatsächlich aber ein und dieselbe Person sind.

Zu Beginn des Stückes steht Shen Te am untersten Ende der sozialen ›Stufenleiter‹: Sie ist Prostituierte, muss sich also verkaufen. Weil ihre Armut ihre natürliche Hilfsbereitschaft nicht zerstört hat, hofft sie, mit dem Erlös aus ihrem Laden viel Gutes tun zu können, wird darin jedoch herb enttäuscht. Über den Laden erhält sie statt-

> *Die Doppelrolle von Shen Te / Shui Ta*

3. PERSONEN 31

dessen ihre ersten Lektionen vom Funktionieren der Handelsgesetze: Wer verdienen will, muss die anderen übers Ohr hauen. Ihr sehnlichster Wunsch ist, mit Sun ihre vorbehaltlose Liebe leben zu können. Da der Mann diese Liebe aber verrät, bleibt ihr keine andere Wahl, als nun ihrerseits die Gesetze des Geschäftes aktiv und zunehmend brutaler anzuwenden. Verbunden ist damit ihr Aufstieg vom Proletarier zum Bürger, was aber bedeutet, hemmungslos zum Ausbeuter zu werden.[13]

In dieser Situation tritt sie jedoch nicht mehr als Shen Te, sondern als ihr fiktiver Vetter Shui Ta auf, was, mit anderen Worten gesagt, heißt, dass sie den Shui Ta spielt. Der Zuschauer – und entsprechend auch der Leser – wird von Anfang an über diesen Rollenwechsel nicht im Unklaren gelassen, im Zwischenspiel vor dem Vorhang zwischen Szene 4 und 5 kann er ihn sogar unmittelbar miterleben. Auf offener Bühne verwandelt sich Shen Te hier in Shui Ta, sie zieht – im wörtlichen Sinne – Hosen an und zeigt damit, dass sie nun einen Mann darstellt.[14] Im Lauf der Handlung lernt sie die Rolle des Mannes immer perfekter zu spielen und über alle deren Möglichkeiten zu verfügen. »Am Ende erweist sich Shen Te als raffinierter und hinterhältiger als alle anderen männlichen Figuren des Stücks«; gemessen an ihrem ökonomischen Erfolg ist sie die eigentliche Siegerin, zumal ihr von den Göttern ausdrücklich erlaubt wird, weiterhin einmal jeden Monat (142) den Shui Ta zu spielen.[15]

Der Preis, den Shen Te als Frau zu zahlen hat, ist jedoch groß. »Sie muss nicht nur ihre ›gute Natur‹, ihre Hilfsbereitschaft, verleugnen, sie muss zugleich auch ihre geschlechtliche Identität ablegen. Nur als Mann und als skrupelloser Geschäftemacher hat die Frau in einer sol-

32 3. PERSONEN

chen Gesellschaft eine Chance. Der ›eigentliche‹ Mensch
aber hat zu verschwinden.«[16]

Insofern zeigt das Stück exemplarisch eine kapitalistische
›Sozialisation‹; denn so, wie Shen Te als Shui

Shen Tes
kapitalistische
Sozialisation

Ta handelt, entspricht es, in Brechts Sicht,
den »gesellschaftlichen Bedingungen«, und
ihr Handeln ist damit auch ›moralisch‹ sank-
tioniert. Sogar die Götter bestätigen ausdrücklich die herrschende ›Ordnung‹«[17] und sehen daher
keinen Grund zu ihrer Veränderung.

Die Figuren der drei Götter fallen aus dem Rahmen einer
sozialen Gruppierung heraus. Das ist jedoch

Die drei Götter

kein logischer Bruch im dramaturgischen
Konzept des Stücks; denn eigentlich sind die
Götter keine Mitspieler, sondern nur »Betrachtende«
(95). Obwohl das ganze Stück über so präsent, dass manche Interpreten sogar von einer Götterhandlung[18] sprechen, kommen sie als dramatisch reale Figuren nur im
Vorspiel und in der letzten Szene vor, dort freilich als
Richter verkleidet. In den Zwischenspielen erscheinen sie
ausschließlich dem Wasserverkäufer Wang im Traum,
sind also lediglich Visionen.[19]

Die drei Götter treten stets gemeinsam auf. Wang identi-
fiziert sie im Vorspiel als die erwarteten »Erleuchteten«, weil
sie im Unterschied zu den anderen Passanten »wohlge-
nährt« sind, »keine Zeichen irgendwelcher Beschäftigung«
aufweisen und »Staub an den Füßen« haben, »also von weit
her« kommen (8). Die drei Götter tragen keine Namen
und werden nur durch die Ordnungszahlen »erster«,
»zweiter«, »dritter« unterschieden, was allerdings auch
eine Rangfolge ausdrückt. »Der erste Gott« tritt als der
Anführer auf, spricht am meisten, betont mehr das Pro-

grammatische und hält unbeirrt an Prinzipien und an seiner Illusion fest, dass Gutsein möglich und in der Welt »alles in Ordnung« (141) ist.[20] Er ist es auch, der zum Schluss das Kommando zum Rückzug gibt.

Der zweite Gott gibt sich aufgeklärter, realistischer; beispielsweise belehrt er den naiv gläubigen Wasserträger Wang, dass die Überschwemmungen in der Provinz Kwan nicht auf mangelnde Gottesfurcht, sondern auf den brüchigen Staudamm und damit die Nachlässigkeit der Bewohner zurückzuführen sind (9). Kategorisch erklärt er aber im Vorspiel, auch im Namen der beiden anderen Götter, für »das Wirtschaftliche« (16), das ja eigentlich die unhaltbaren Verhältnisse in der Welt verursacht, seien sie nicht zuständig. Er ist es auch, der den Grundsatz »Leid läutert« (94) vertritt. Andererseits ist er zum Schluss als einziger um Shen Tes weiteres Schicksal besorgt, freilich ohne eine konkrete Maßnahme zu veranlassen.

Der dritte Gott ist gutmütig und hilfsbereit, er fällt jeder menschlichen List zum Opfer. Sein Vermittlungsversuch in einem Streit bringt ihm sogar ein blaues Auge ein (94). Er allein erklärt die Welt für »unbewohnbar« und die »sittlichen Vorschriften« für die Menschen für zu hoch; die Leute hätten genug zu tun, das nackte Leben zu retten (131). Im Gerichtsverfahren am Schluss lächelt er nur Wang kurz zu (133), ansonsten spricht er kein Wort mehr.

Mit dem christlichen Gott haben diese Götter nichts zu tun, obwohl Brecht mit ihrer Dreizahl vermutlich parodistisch auf die Trinität Gottes anspielt. Diese »Götter sind schwach, sie sind nicht mehr als Projektionen der herrschenden Zustände, die sie bewahrt sehen möchten«[21], darum auch, wie sich am Ende zeigen wird, völlig überflüssig, entbehrliche »Vertreter einer unwirksamen

34 | 3. PERSONEN

Ethik, die nicht darauf sieht, daß die Verhältnisse so sind, daß die Menschen freundlicher zueinander sein können«[22]. Parodistisch in die Rolle von Theatergöttern gesteckt, besitzen sie am Ende nicht einmal mehr deren Kraft. Der *Deus ex machina* griff im Drama der vorklassischen Zeit immer dann ein, wenn eine Handlung sich unentwirrbar verknotet hatte, um diese zu einem guten Ende zu führen. Diese ratlosen Götter aber entziehen sich dem Eingeständnis, dass man die Welt ändern müsse, um in ihr leben zu können, indem sie auf einer »rosa Wolke« in ihr »Nichts« entschweben (141 f.).

4. Aufbau und Form

Das Stück besteht aus zehn locker aneinander gefügten Szenen, die fortlaufend nummeriert und durch die Angabe des Schauplatzes gekennzeichnet sind, einem Vorspiel, sieben Zwischenspielen und einem Epilog. Die in einem Drama der klassischen Tradition übliche Einteilung in Akte ist aufgehoben.

Wäre *Der gute Mensch von Sezuan* ein klassisches Drama, müsste es, angesichts der am Schluss »verzweifelt« (143) zurückbleibenden Shen Te, als Tragödie bezeichnet werden. Doch anders als eine klassische Tragödie endet das Stück nicht mit dem Untergang seiner Heldin. Shen Te darf weiterhin den Vetter spielen. Ihre Verzweiflung löst darum auch, anders als die Katastrophen der Tragödien, keine durch Mitleid hervorgerufene Läuterung (Katharsis) aus, nicht bei ihr selbst und nicht beim Zuschauer. Brecht trägt die Wirkung des Stücks vielmehr über das Ende hinaus und schafft so die Voraussetzung für den Epilog.

| Keine Tragödie |

Dass Brecht sein Publikum mit einem Auftrag entlässt, entspricht der Konzeption des von ihm entwickelten »epischen«, später auch »dialektisch« genannten Theaters. Zu seiner Zeit waren es die Zuschauer gewohnt, sich im Theater genussvoll unterhalten zu lassen. Aus dieser Haltung, die er »kulinarisch« nannte, wollte Brecht die Zuschauer herausführen und sie zu mitdenkenden Betrachtern des auf der Bühne gezeigten Geschehens machen, damit sie daraus Konsequenzen für ihr praktisches Handeln ziehen und die gesellschaftlichen Verhältnisse im Sinne seiner marxistischen Überzeugung verändern.

36 4. AUFBAU UND FORM

Um diese Zuschauerhaltung des so genannten »eingreifenden Denkens« zu erzielen, entwickelte Brecht die Darstellungsweise der Verfremdung; sie soll einem »Vorgang« oder einer Person »das Selbstverständliche, Bekannte, Einleuchtende« nehmen und »über ihn Staunen und Neugierde« erzeugen.[23] Anders gesagt: Die Verfremdung soll dem Zuschauer die im dramatischen Theater gängige Illusion nehmen, die Bühnenwirklichkeit sei ein unmittelbares Abbild der Lebenswirklichkeit.[24] Sie soll ihm bewusst machen, dass die Bühne immer Bühne bleibt und die Wirklichkeit nicht ersetzt.

Verfremdung als Verfahren des episch-dialektischen Theaters

Verfremdend wirkt im *Guten Menschen von Sezuan* die Verlegung der Handlung nach China, was vor allem durch die Namen der Figuren augenfällig wird.

Bekanntes wird verfremdet, wenn zahlreiche Textstellen auf literarische und insbesondere biblische Zitate anspielen,[25] sie selten jedoch in ihrem ursprünglichen Sinne übernehmen. Intensiv wie in kaum einem anderen seiner Dramen hat Brecht Techniken der Verfremdung, so genannte V-Effekte wie Publikumsansprachen, Lieder und Zwischenspiele sowie Rückblende und Pantomime eingesetzt. Der allgemeine »Gestus des Zeigens«[26], den Brecht in seiner Theatertheorie der Illusionsabsicht des dramatischen Theaters entgegenstellt, wird mit der Verwendung solcher Techniken konkret.

V-Effekte

An insgesamt 26 Stellen treten im *Guten Menschen von Sezuan* die Figuren wie selbstverständlich aus dem Spiel, erläutern sich und ihre Situation, fassen ihre Überlegungen und Emotionen in Ansprachen an die Zuschauer zusammen. Achtzehn Publikumsansprachen entfallen allein auf Shen Te, aber auch Wang, Yang Sun und Shu Fu wenden sich

4. AUFBAU UND FORM   37

je zweimal direkt an das Publikum. Frau Yangs Zuschauer-
ansprache ist mit einer Rückblende verbunden, in der Brecht
sie, indem er in einer für das Theater seiner Zeit geradezu
revolutionären Weise die Filmtechnik der Überblendung
nutzt, den Aufstieg ihres Sohnes in Shui Tas
Tabakfabrik berichten lässt. Eine sehr geziel-
te Publikumsansprache ist schließlich der
Epilog, in dem ein Spieler die Aufforderung
vorträgt, den ›offenen‹ Schluss des Stücks zu einem guten
Ende zu bringen.

*Publikums-
ansprachen*

Eine ganze Reihe der Publikumsansprachen hebt sich
vom übrigen Text dadurch ab, dass sie aus rhythmisch ge-
bundenen Redepartien, das heißt aus »reimloser Lyrik mit
unregelmäßigen Rhythmen«[27] bestehen[28] oder aus Prosa in
solche übergehen[29]. Die Aussagen bekommen auf diese Weise eine nachdrücklichere Wirkung,[30] sie »haken« sich, um
eine Formulierung Brechts zu verwenden, beim Zuschauer
ein[31].

Von diesen reimlosen Versen sind die sieben Liedeinla-
gen[32] in gereimten Versen zu unterscheiden,
die mit ihrer Handlungsunterbrechung eine
Entspannung des Publikums bewirken, zugleich aber auch seine besondere Aufmerksamkeit bean-
spruchen. Mit Ausnahme des »Lied[es] vom achten Elefanten« und des parodistisch gemeinten »Terzett[s] der ent-
schwindenden Götter auf der Wolke« sind die Lieder nicht
direkt in die Handlung »eingeschmolzen«[33], sie heben sie
vielmehr auf eine andere, meist »symbolische« Ebene[34] und
eröffnen dem Zuschauer dadurch nochmals eine grundsätz-
lichere Sicht auf seine Realität: Beispielsweise steht der
Rauch im »Lied vom Rauch« für Hoffnungslosigkeit angesichts der herrschenden Verhältnisse, und der Regen im

Lieder

38 4. AUFBAU UND FORM

»Lied vom Wasserverkäufer im Regen« bezeichnet eine Überproduktionskrise, in der der natürliche Segen in perverser Umkehr zum wirtschaftlichen Fluch wird. »Das Lied vom achten Elefanten« erweist sich als eine »bemerkenswerte ästhetische Lösung« für die Darstellung des ›normalen Kapitalismus‹: »Indem Yang Sun den Takt des Liedes immer schneller klopft, die Arbeiter aber nach dem Takt zu arbeiten haben, stellt er sozusagen das Fließband ständig auf höheres Arbeitstempo ein und erfaßt mit dem Inhalt des Liedes zugleich die buchstäbliche Sklaventreiberei des Vorgangs, der als ›bloßer Arbeitsvorgang‹ ein ganz ›normales‹, nicht-gewalttätiges Bild abzugeben scheint.«[35]

Die Zwischenspiele mit den Träumen Wangs unterbrechen die Handlung ebenfalls. Wangs Berichterstattung über den Fortgang der Handlung, seine Auseinandersetzung mit den Forderungen der Götter, insgesamt die Überbrückung von Raum- und Zeitdistanzen eröffnen dem Zuschauer eine neue Perspektive auf das Bühnengeschehen, verschaffen ihm eine weitere Distanz für die Reflexion realitätsverändernder Konsequenzen.[36]

Zwischenspiele

Dass die verwendeten Verfremdungstechniken das Bühnengeschehen im *Guten Menschen von Sezuan* zuweilen recht künstlich erscheinen lassen, wird durch zahlreiche ironische und komische Effekte noch verstärkt. Ein besonders markantes Beispiel bieten die als senile Trottel auftretenden Götter, die im Laufe der Handlung immer ramponierter daherkommen und sich am Ende zynisch lächelnd davonmachen. Ein anderes herausragendes Beispiel ist die Hochzeitsszene ohne Trauung, in der die bürgerlichen Eheschließungsrituale parodiert werden. Manche Interpreten[37] haben solche Effekte

Komik

als Indiz dafür genommen, dass Brecht sein Stück als Komödie verstanden wissen wollte. Formal betrachtet, kann das Stück auch dadurch als Komödie gelten, dass es insgesamt ein Spiel im Spiel vorführt und im Binnenraum nochmals zahlreiche kleine Spiele im Spiel enthält. Peter Christian Giese argumentiert hingegen inhaltlich und spricht in diesem Zusammenhang vom »Gesellschaftlich-Komischen«; er bezieht dies auf den von ihm festgestellten Anspruch des Stücks, »nicht nur die Hohlheit der Verhältnisse und ihrer Träger, der Figuren, offen zu legen, sondern auch als nicht mehr lebbar zu verabschieden, wie es der ›offene‹ Schluss auch fordert, wenn der ›eigentliche‹ Schluss den Zuschauern überantwortet wird«[38]. Ein Argument für das ›Gesellschaftlich-Komische‹ an dem Stück liefert Brecht selbst, wenn er in der *Zeitungsbericht* betitelten Fabelerzählung schreibt, die in der Gerichtsverhandlung aufgedeckte Identität der »Geißel der Vorstädte« und des »Engels der Vorstädte« sei in Sezuan »sehr belacht«[39] worden.

Die unzweifelhaft gegebene Künstlichkeit des Stücks lässt sich, über das Komische hinaus, auch mit der Wirkungsabsicht Brechts begründen. In dem Aufsatz *Über experimentelles Theater* vergleicht er seine künstlerische Arbeitsweise mit einem wissenschaftlichen Experiment. Wie dort das Modell mit der Wirklichkeit nicht identisch sei, sondern sie nur in vereinfachter Form nachbaue, um dadurch zu Erkenntnissen zu gelangen, sei es sein Ziel, in seinen Stücken »mit künstlerischen Mitteln ein Weltbild zu entwerfen, Modelle des Zusammenlebens der Menschen, die es dem Zuschauer ermöglichen […], seine soziale Umwelt zu verstehen und sie verstandesmäßig und gefühlsmäßig zu beherrschen«[40]. Das Weltmodell,

Die Handlung als Experiment

40 4. AUFBAU UND FORM

das er im *Guten Menschen von Sezuan* mit Hilfe der Kunst hergestellt hat, ist also eine bildhafte Abstraktion von Wirklichkeit, die den kritisch-reflektierenden Erkenntnisvorgang beim Zuschauer beschleunigen hilft.[41]

Formal wird der experimentelle Charakter durch das Vorspiel beglaubigt. Dieses weist das folgende Geschehen nicht als ›Nachahmung‹ von Realität aus, sondern als ein bewusst inszeniertes ›Spiel‹, das die Götter als Betrachter beobachten und begutachten.

Brechts Position eines modellbildenden Stückeschreibers entspricht der eines Parabelerzählers, »der das Verhalten der Menschen nicht zuletzt deshalb zum Gegenstand eines Gleichnisses macht, um die Zuhörer von seiner Sicht der Dinge zu überzeugen«[42]. *Der gute Mensch von Sezuan* ist unzweifelhaft eine Parabel, als einziges seiner Stücke hat es Brecht im Untertitel sogar ausdrücklich als »Parabelstück« ausgewiesen.

Die literarische Form der Parabel ist, in gleicher Weise wie die Tierfabel, im Laufe ihrer langen Geschichte nicht allein Unterhaltungs-, sondern immer auch Lehrdichtung gewesen. Der Aufklärer Lessing, der die Vorstellung von Fabel und Parabel maßgeblich prägte, nutzte die Fabel, um einen ethischen Lehrsatz, eine ›Moral‹, in einem anschaulichen Bild zu vermitteln; das erdichtete Gleichnis, die erzählte ›Geschichte‹, hatte lediglich den Zweck der Demonstration. Der Bezug zur Wirklichkeit wird in diesem ästhetischen Konzept erst durch den Leser in einem Analogieschluss hergestellt. Brecht reihte sich nicht in diese Tradition ein, er kehrte das Verhältnis von Wirklichkeit und literarischer Form um und postulierte, man müsse über literarische Formen die Wirklichkeit befragen;[43] das heißt, dass

> *Parabelstück*

4. AUFBAU UND FORM 41

für ihn Realitätsanalyse der Ausgangspunkt der (erdichteten) Parabel ist. Dabei kommt bei ihm hinzu, dass die Grundlage seiner Wirklichkeitsdeutungen die marxistische Gesellschaftslehre ist. Daraus ergibt sich, dass er nicht nur die Strukturen, die das gesellschaftliche Zusammenleben der Menschen prägen, offenlegen und ihre Gesetzmäßigkeiten durchschaubar machen, sondern zugleich auch die Notwendigkeit der Veränderung demonstrieren will, die sich aus der Einsicht in diese (historischen) Gesetzmäßigkeiten ergeben.[44]

5. Wort- und Sacherläuterungen

7,3 Wasserverkäufer: Im alten China gab es den Beruf des Wasserverkäufers.

7,15 wegen der vielen Klagen: Anspielung auf die Beschreibung der Erde als »Jammertal« (vgl. Luthers Übersetzung von Psalm 84,7).

8,1 diese drei: Anspielung auf die christliche Vorstellung von der Dreieinigkeit (auch: Dreifaltigkeit) Gottes (ein Gott in drei Personen): Vater, Sohn und Heiliger Geist.

8,10 Quartier: Unterkunft.

9,24 Überschwemmungen: Anspielung auf die Sintflut.

10,27 Seit zweitausend Jahren: Anspielung auf den Zeitraum der christlich-abendländischen Geschichte.

12,10f. Bis ins vierte Glied: Anspielung auf die alttestamentliche Zornesformel im Zusammenhang mit der Verkündigung der Zehn Gebote in 2 Mose 20,5: »Denn ich, der Herr, dein Gott, bin ein eifriger Gott, der da heimsucht der Väter Missetat an den Kindern bis ins dritte und vierte Glied [d. i. Generation], die mich hassen.«

12,11f. Jetzt bleibt nur noch die Prostituierte Shen Te: Anspielung auf die Bibelaussage, dass die gesellschaftlich Benachteiligten sich eher gütig zeigen als die Reichen: »Die Zöllner und Huren mögen wohl eher ins Reich Gottes kommen als ihr [gemeint sind die zwei ungleichen reichen Söhne]« (Matthäus 21,31).

16,11ff. die Gebote halten zu können ... den Hilflosen nicht berauben: Anspielung auf Gebote der Bibel, in denen zwischenmenschliches Verhalten angesprochen ist: »Du sollst deinen Vater und deine Mutter ehren« (4. Gebot); »Du sollst nicht falsch Zeugnis reden wider deinen

5. WORT- UND SACHERLÄUTERUNGEN   **43**

Nächsten« (8. Gebot); »Du sollst nicht begehren deines Nächsten Haus« (9. Gebot); »Du sollst nicht ehebrechen« (6. Gebot); »Du sollst nicht begehren deines Nächsten Weib, Knecht, Magd, Vieh, oder was sein ist« (10. Gebot). Die Gebote sind Grundlage der christlichen Ethik.

18,8 Silberdollar: offizielle chinesische Währungseinheit, die bis in die 1930er-Jahre gültig war.

20,14 Winke: Ratschläge.

21,25 das Quartier aufsagen: das Quartier kündigen.

22,12 Stellagen: Gestelle, Regale.

22,23 einsteigern: in den Wörterbüchern nicht belegtes, von Brecht erfundenes Verb, hier im Sinne von ›Konkurs erzwingen‹.

24,24 Mietskontrakt: Mietvertrag.

24,29 Referenzen: Zeugnisse, Empfehlungsschreiben.

26,12 f. Er frißt wie ein Scheunendrescher: Er isst unmäßig viel.

27,27 fürder: veraltet für: künftig, von jetzt an.

29,1 Nachen: Boot.

30,29 f. o du schwacher / Gut gesinnter, aber schwacher Mensch: Anspielung auf Matthäus 26,41: »Der Geist ist willig, aber das Fleisch ist schwach.«

34,16 ablassen: einen bestimmten Preisnachlass gewähren.

38,13 Fünfkäschkämmerchen: billiges Zimmer, Absteige. Käsch: geringwertige chinesische Münze (vgl. Anm. zu 49,19).

38,18 notorisch: offenkundig, allgemein bekannt für eine negative Gewohnheit.

38,18 f. Leumund: Ruf, Ansehen.

42,9 Partie: lohnende Heirat.

43,5 Witzes: hier: Einfallsreichtum, Klugheit.

46,12 Hangarverwalter: Verwalter einer Flugzeughalle.

44 5. WORT- UND SACHERLÄUTERUNGEN

46,14 **Fuß:** Längen- bzw. Höhenmaß in der Fliegersprache; ein Fuß entspricht etwa 30 cm.

47,12 **Sacktuch:** (süddt.) Taschentuch.

48,17 f. **Stockfisch:** (umgangssprachl.) wenig gesprächiger Mensch.

49,19 **Käsch:** kleine chinesische Kupfermünze von geringem Wert; das Wort geht auf engl. *cash* zurück.

54,17 f. **Engel der Vorstädte:** Der Titel, den Shen Te an vier Stellen des Stücks (vgl. auch S. 74, 96, 140) erhält, erinnert an *Die heilige Johanna der Schlachthöfe* in Brechts gleichnamigem Stück, die dort als »Fürsprecherin der Armen« bzw. als »Trösterin der untersten Tiefe« bezeichnet wird.

54,29 **Unbilligkeit:** Unrecht.

54,30 f. **der Buchstabe der Gebote ... ihr Geist:** Die Unterscheidung von »Buchstabe« und »Geist« geht zurück auf 2 Korinther 3,6.

55,14 **die sieben guten Könige:** Der chinesische Philosoph Mê Ti (479 – 381 v. Chr.) verweist zur Begründung seiner Gebote an verschiedenen Stellen auf die »heiligen Könige« des Altertums. Diese legendären Herrscher verkörpern die gute alte Ordnung, deren Prinzipien durch die Herrschaftspraxis der neuen Zeit in Frage gestellt werden.

55,15 **Kung:** Khungfutse (551 – 479 v. Chr.) oder Konfuzius (lat. *Confucius*), chinesischer Religionsstifter.

56,15 **Brennschere:** scherenähnliches Gerät, das erwärmt und dann zum Lockendrehen verwendet wird.

57,32 **Shawl:** Umhängetuch, Kopftuch. Brecht verwendet konsequent die englische Schreibweise.

58,4 **Visavis:** (frz.) Gegenüber.

58,8 f. **ein sehr altes Paar:** Anspielung auf die Episode von Philemon und Baucis in Goethes *Faust. Zweiter Teil*. Wie

5. WORT- UND SACHERLÄUTERUNGEN 45

Faust das alte Paar um seinen Besitz bringt und damit in den Tod treibt, so ruiniert Shen Te das Ehepaar, indem sie das Geld an Sun weitergibt und es erst zu einem Zeitpunkt zurückerstattet, als das alte Paar bereits seinen Laden verloren hat. Goethe entnahm die Geschichte von Philemon und Baucis den *Metamorphosen* (8. Gesang) des römischen Dichters Ovid (43 v. Chr. – 18 n. Chr.).

59,29 Kuvert: (Brief-)Umschlag.

61,4 gaga: (frz.) kindisch, trottelig.

61,24 f. daß die Stadt untergeht durch ein Feuer: Anspielung auf den Untergang der biblischen Städte Sodom und Gomorrha durch Feuer und Schwefel (1 Mose 19,24).

65,13 Tanks: (engl. ›Kasten, Behälter‹) Panzer.

67,13 nur eine einzige und dazu alte Frau: Nach altem chinesischem Recht war einem Mann die Ehe mit mehreren Frauen gleichzeitig erlaubt.

67,29 Gelaß: enger Raum.

69,18 wegzuhökern: verhökern: zum Kauf anbieten und zu Geld machen.

72,14 Billett: Fahrkarte, Ticket.

74,29–32 die Speisung von vier Menschen ... vierhundert speisen: Anspielung auf die von allen vier Evangelien (vgl. Markus 6,30–44; Matthäus 14,13–21; Lukas 9,10–17; Johannes 6,1–15) überlieferte wunderbare Speisung von 5000 Menschen, durch die Jesus als der rechte Prophet und Gottessohn beglaubigt wird.

83,6 Bonze: hier im ursprünglichen Wortsinn: buddhistischer Priester.

84,22 Taxe: Gebühr, festgesetzter Preis.

85,34 die drei Teufel: Die als Bruch-, Nebel- und Gasmangelteufel personifizierten Gefahren beziehen sich hier auf den Beruf des Fliegers.

46 5. WORT- UND SACHERLÄUTERUNGEN

87,5 **Gäulestadt:** Gäule stehen bei Brecht häufiger für Rückständigkeit. In diesem Sinne beschimpft Sun Sezuans Hauptstadt als rückständig, weil es in ihr keine Autos gibt und die Droschken noch von Pferden gezogen werden.

91,15 **Sankt Nimmerleinstag:** (umgangssprachl.) scherzhaft für einen Tag, der nie eintrifft.

93,12 **einem imaginären Buch:** Gemeint ist *Das wahre Buch vom südlichen Blütenland* des Taoisten Tschuang-Tsi, das zwischen 365 und 286 v. Chr. verfasst wurde. Brecht zitiert daraus das Gleichnis vom Leiden der Brauchbarkeit fast wörtlich.

93,17 **Katalpen:** Trompetenbäume, ostasiatische Baumart.

94,26 **Leid läutert:** ein Grundgedanke der christlichen Ethik.

98,26 **Die Welt erwartet ihn im Geheimen:** Shen Te stilisiert, auf die biblische Messiaserwartung anspielend, ihren ungeborenen Sohn zum Erlöser, auf den die Welt wartet.

103,32 f. **Frucht eures Leibes:** Die »Frucht des Leibes« ist ein biblischer Topos für Jesus (vgl. Lukas 1,42); im *Ave Maria*-Gebet heißt es: »Gebenedeit ist die Frucht deines Leibes, Jesus.«

110,3 **Billigkeit:** Rechtmäßigkeit.

112,22 **vom rechten Weg abgewichen:** biblische Redewendung; vgl. Psalm 14,3.

114,31 **Gratifikation:** Sonderzuwendung, die der Arbeitnehmer vom Arbeitgeber zu bestimmten Anlässen erhält.

116,24 **Schaff:** (süddt.) großes offenes Holzgefäß.

118,2 **Kontor:** Handelsniederlassung; hier veraltet für: Büro einer Firma.

120,6 **Melonenhut:** Melone ist die umgangssprachliche iro-

5. WORT- UND SACHERLÄUTERUNGEN **47**

nische Bezeichnung für einen steifen, runden Herrenhut (Bowler), der in den 1920er- und 1930er-Jahren bevorzugt von Geschäftsleuten getragen wurde.

120,25 **Bittfürmichs, Wracks und Stümpfe:** Metaphern für: Gesindel, Nichtsnutze.

125,11 **Prokurist:** Inhaber einer Handlungsvollmacht in einer Firma.

132,25 **Zertifikat:** Urkunde, Bestätigung.

134,10 f. **Friedensrichter:** ein Laie, der über Zivil- und Strafsachen von geringerer Bedeutung entscheidet, hauptsächlich in Frankreich, England und den USA.

135,31 **schaffen:** hier: verschaffen, finanzieren.

140,3 **Lefze:** Lippe bei Tieren.

141,16 f. **Eine rosa Wolke:** Die aus dem Theaterhimmel herabgelassene Wolke zitiert parodistisch den »Deus ex machina« (Gott aus der Maschine), der seit der Antike im Drama (vor allem im Barocktheater) Verwendung findet, wenn die tragischen Verwicklungen derart unlösbar geworden sind, dass sie nur noch mit göttlicher Hilfe zum Guten gewendet werden können.

144,6 **die goldene Legende:** Die *Legenda aurea* (lat.: *Die goldene Legende*, um 1263–73) des Jacobus de Voragine (1230–98), Erzbischofs von Genua, ist die wichtigste mittelalterliche Sammlung von Legenden aus dem Leben der christlichen Heiligen (›Bekenner‹ und ›Märtyrer‹), deren diesseitiges Leid im Zeichen einer jenseitigen Verklärung steht.

6. Interpretation

Entstehung und Textfassungen

Die Arbeit an dem Stück begann Brecht, wie eine Notiz in seinem *Arbeitsjournal* belegt, am 15. März 1939 im dänischen Exil in Svendborg.[45] Er griff dabei auf Ideen und Vorarbeiten zurück, die Jahre zurücklagen. Bereits sein Spottgedicht *Matinee in Dresden*[46] von 1926 enthielt den Einfall, dass drei Götter in einer Stadt erscheinen und dort schlecht behandelt werden. Um 1927/28 hatte er in *Fanny Kreß* oder *Der Huren einziger Freund* die Fabel entworfen, dass die Titelfigur sich als Mann verkleidet, um ihren Kolleginnen zu helfen, dabei aber erfährt, wie jede die andere um des Mannes willen verrät. Um 1930 entstanden dann fünf Szenen zu einem »Kurzstück«, dem Brecht in beabsichtigtem Gleichklang zu ›Die wahre Liebe‹ den Titel

Vorarbeiten

Die Ware Liebe gab. Die Grundidee des späteren Parabelstücks *Der gute Mensch von Sezuan* ist hierin schon vorgezeichnet: Eine junge Prostituierte »sieht, dass sie nicht zugleich Ware und Verkäufer sein kann«[47]. Nachdem sie durch ein günstiges Geschick eine kleine Geldsumme erhalten hat, eröffnet sie einen Zigarrenladen und lebt mit einem Gehilfen zusammen. Als sie ein Kind von ihm erwartet, verkleidet sie sich als Mann und schlägt sich auf die Seite der Ausbeuter. »Die Fabelführung zeigt, dass in der bestehenden Gesellschaft der Ausbeutung nur entgeht, wer selbst ausbeutet, und dass die Flucht aus der Prostitution auf einer anderen Ebene wieder in die Prostitution zurückführt.«[48]

6. INTERPRETATION 49

Nachdem Brecht im April 1939 in Schweden Zuflucht gefunden hatte, beschäftigte er sich, von Margarethe Steffin unterstützt, weiter intensiv mit dem Stück, unterbrach die Arbeit dann aber und schrieb in Reaktion auf den Kriegsausbruch im September das Stück *Mutter Courage und ihre Kinder*. Beendet hat Brecht das *Sezuan*-Drama, inzwischen im Exil in Finnland angekommen, dann im Januar 1941.

> Verschiedene
> Textfassungen

Diese Fassung wurde 1943 Textgrundlage der Uraufführung in Zürich; auf ihr basieren auch – mit geringfügigen redaktionellen Abweichungen – die Erstdrucke von 1953 in Heft 12 der *Versuche* im Suhrkamp Verlag Berlin-West sowie im Aufbau Verlag Berlin-Ost. Der Text der Werkausgabe[49] entspricht dieser Fassung ebenso wie der Text in der Großen kommentierten Berliner und Frankfurter Ausgabe[50].

Im Nachlass Brechts ist noch eine Fassung erhalten, die möglicherweise Grundlage einer geplanten Bearbeitung durch Kurt Weill für die USA sein sollte, deren Aufführung aber nicht zustande kam. Sie weicht von der Druckfassung nicht nur in zahlreichen Einzelheiten ab, auch die Fabelkonstruktion ist verändert. Zu dieser *Version 1943* hat Brecht auch eine Fabelerzählung geschrieben (s. S. 62).

Literarische Grundmuster

Literarische Quellen hat Brecht für den *Guten Menschen von Sezuan* nicht genutzt, anders etwa als im *Kaukasischen Kreidekreis*, wo er eine aus dem Chinesischen stammende Vorlage produktiv rezipierte. Unter der Perspekti-

50 6. INTERPRETATION

ve der Intertextualität lassen sich aber Bezüge zu älteren Texten ausmachen, die erkennbare Spuren in dem Stück hinterlassen haben.

So ist für die in den chinesischen Kulturkreis verlegte Handlung, über die damit wohl auch beabsichtigte Verfremdung hinaus, ein Zusammenhang mit Brechts Studium der chinesischen Philosophie und Literatur nahe liegend. Insbesondere den für das Stück zentralen Gedanken, dass der Mensch von Natur aus gut sei, die gesellschaftlichen Zustände ihm jedoch nicht ermöglichten, gut zu bleiben, dürfte er dort bestätigt gefunden haben.[51]

Für die Fabelkonstruktion bedeutsam sind zwei literarische Grundmuster, auf die Brecht sich stützt. Das erste ist die biblische Erzählung vom Untergang der Städte Sodom und Gomorrha (1 Mose 18/19). Gott Jahwe erscheint Abraham in der Gestalt von drei Männern, die ihm verkünden, dass die beiden Städte vernichtet werden sollen, nachdem das »Geschrei« (1 Mose 18,20) über die dortigen Verletzungen der göttlichen Gebote den Himmel erreicht habe. Abraham bittet Jahwe, wegen der Gottlosen nicht auch die Gerechten zu vernichten. Er ringt ihm das Versprechen ab, dass die Städte nicht untergehen sollen, wenn in ihnen fünfzig Gerechte gefunden werden. Doch obwohl Abraham die Zahl schließlich sogar auf zehn herunterhandelt, gelingt es ihm nicht, das Unheil abzuwenden. Denn nicht einmal diese zehn werden gefunden, die »des Herrn Wege halten und tun, was recht und gut ist« (1 Mose 19,19). So werden die sündigen Städte durch »Schwefel und Feuer« (1 Mose 19,24) vernichtet, nur Abrahams Neffe Lot entgeht mit seiner Familie dem Untergang.

Brecht greift das biblische Motiv der göttlichen Suche

Bibelerzählung

6. INTERPRETATION **51**

nach guten Menschen auf, kehrt es jedoch um.[52] Im Stück *Der gute Mensch von Sezuan* kommen die drei Götter nicht wegen der Klagen über die Sünder auf die Erde, sondern werden wegen des »Geschreis« geschickt, »es gehe nicht weiter mit der Welt, wie sie ist« (10). Von den Göttern wird Sezuan nicht mit Untergang bedroht. Shen Te fordert – in Szene 4 –, dass die Stadt »untergeht / durch ein Feuer, bevor es Nacht wird« (61), weil es in ihr keinen »Aufruhr« gebe angesichts der herrschenden Gewalt und des Unrechts. Selbst die Bedingung des Himmels, dass die Welt nur bleiben könne, wie sie ist, »wenn genügend gute Menschen gefunden werden, die ein menschenwürdiges Dasein leben können« (10), wird von den drei Göttern von Anfang an auf einen einzigen Menschen reduziert; denn sie sind überhaupt nicht an einer Veränderung der Verhältnisse interessiert und suchen nur nach einer Legitimation für das Bestehende. Auch am Schluss wollen die Götter keineswegs Gericht halten über die Welt wie der biblische Gott, sondern nur einen Anhaltspunkt dafür finden, dass die Zustände in der Welt so bleiben können, wie sie sind.

Als zweites literarisches Grundmuster adaptiert Brecht die Vorstellung vom Welttheater, die ihre klassische theatralische Gestaltung dem spanischen Dramatiker Pedro Calderón de la Barca (1600–81) verdankt, dessen Schauspiel *Das große Welttheater* (*El gran theatro del mundo*) am Fronleichnamstag des Jahres 1675 uraufgeführt wurde. Calderón macht die Bühne zum Bild für die ganze Welt. Auf der Oberbühne, im Himmel, thront Gott, der »Meister«, verteilt die Rollen und stellt das Thema: »Tue recht – Gott über euch«. Der Mensch kann, aufgrund der ihm eigenen Willensfreiheit, die ihm zugeteilte Rolle auf der

| Vorstellung vom Welttheater |

52 6. INTERPRETATION

Erde, der Mittelbühne, gut oder schlecht spielen. Der »Meister« ist Zuschauer und Richter. Wer das sittliche Thema des Spiels, das rechte Handeln und die Gottesfurcht, verfehlt hat, den schickt er in die Hölle, durch die Versenkung in die Unterbühne. Jeder hatte die Möglichkeit, »durch sein Tun sich selbst zu adeln«.

Brecht spielt auf die Vorstellung vom Welttheater an zwei Stellen direkt an: Einmal bezeichnen die Götter sich selbst als »nur Betrachtende« (95) und zum anderen nennen sie das zu Betrachtende »diese kleine Welt« (141). Auch im Schrei »Was ist das für eine Welt?« (73), den Shen The als Shui Ta ausstößt, weil sie den Laden verloren glaubt, wird ersichtlich, dass der Schauplatz Sezuan für die ganze »Welt« steht. Ähnlich wie in Calderóns Spiel werden auch in Brechts Stück[53] die Spielregeln von einer himmlischen Instanz festgelegt, und es sind die drei Götter, die durch ihr Geldgeschenk an Shen Te den Handlungsanstoß geben und am Ende als Richter fungieren. Trotz dieser auffälligen Parallelen kehrt Brecht jedoch das Schema des Welttheaters um. Während Gott bei Calderón im Himmel bleibt, steigen Brechts Götter auf die Erde herab, erleiden dort vielerlei Ungemach, ja sogar Gewalt (94 und 130). Sie, nicht die Menschen, müssen den Beweis dafür liefern, dass die Erde lebenswert und Gutsein möglich ist, und am Ende müssen sie den Vorwurf ertragen, dass ihre »Gebote tödlich« (131) sind und die Kräfte des Menschen übersteigen. Vollends mit der *Deus-ex-machina*-Parodie des Schlusses zeigt Brecht, dass die Götter keine Richterbefugnis über den Menschen haben, dass ihnen im Gegenteil jede Existenzberechtigung fehlt. Haben sie sich an Shen Te gehalten, weil sie zu ihrer eigenen Legitimierung darauf angewiesen waren, dass wenigstens der Schein der als Nächstenliebe demonstrierten Humanität

6. INTERPRETATION 53

gewahrt blieb, wird mit der Demaskierung Shui Tas ihnen
selbst und denen, die (noch) an sie glauben, gezeigt, dass
nicht einmal mehr dieser Schein aufrechterhalten werden
kann. So gilt als bewiesen, dass sie ihre Rolle ausgespielt haben. Der Epilog stellt zwar noch die rhetorische Frage, ob
möglicherweise von »anderen Göttern« eine Lösung der
Probleme zu erwarten sei, das Stück lässt aber keinen Zweifel daran, dass eine Veränderung der kritisierten Verhältnisse
nicht von Göttern, sondern allein von den Menschen ausge-
hen kann.

Personenspaltung oder Rollenspiel?

In dem *Zeitungsbericht*, der Fabelerzählung zu einer
früheren Stückfassung (s. S. 62), versieht Brecht die vor
Gericht aufgedeckte Identität von Shen Te und Shui Ta
mit dem Kommentar: »Die Schlechtigkeit war die Kehr-
seite der Güte, gute Taten waren nur zu ermöglichen
durch schlechte Taten – ein erschütterndes Zeugnis für
den unglücklichen Zustand dieser Welt.«[54]
Mehrere Interpreten haben in dieser Konzeption die Grundlage für die Doppelrolle der Hauptfigur gesehen. Volker Klotz
argumentiert beispielsweise, Shen Te könne
sich nicht für eine der beiden Existenzmög-

> *Shen Tes / Shui Tas
> Doppelrolle als
> Bild einer Perso-
> nenspaltung*

lichkeiten entscheiden, gut zu sein oder zu leben, da die
eine die andere ausschließe. So zerfalle sie in die zwei
Teile.[55] Klaus-Detlef Müller sieht »in dem eindringlichen
Bild der Personenspaltung« die Selbstentfremdung des
Menschen angesichts der ökonomischen Zwänge einer
bürgerlich-kapitalistischen Gesellschaft versinnbildlicht.

Nur in der Gestalt des rücksichtslosen Vetters Shui Ta könne Shen Te überleben, aber dessen Verhalten negiere ihr Wesen, ihre Hilfsbereitschaft und ihre Güte; sie sei in der Maske nicht mehr sie selbst. Müller fasst seine Sicht in der These zusammen: »In dem prozeßhaften Verlust der personalen Identität, die in der Doppelheit der natürlichen und der vergesellschafteten Person sichtbar wird, erfaßt Brecht sinnfällig die Widersprüchlichkeit der bürgerlichen Welt.«[56]

Solchen Deutungen, die Shen Te als gespaltene Figur sehen, die in eine gute und in eine böse Hälfte zerfällt, stehen Interpretationen entgegen, die ihre Doppelrolle als zuerst eingeredetes, dann aber bewusst übernommenes Rollenspiel auffassen.

Nachdem Shen Te mit dem Geld der Götter den Tabakladen erworben hat und daraufhin immer mehr Bittsteller und Schuldner sie derart bedrängen, dass ihr baldiger Ruin droht, redet der Mann der achtköpfigen Familie ihr ein: »Sag doch, [… der Laden] gehört dir nicht. Sag, er gehört einem Verwandten, der von dir genaue Abrechnung verlangt. Kannst du das nicht?« (21). Sie zögert. Als der Schreiner die Bezahlung der Regale verlangt, »souffliert« der Mann: »Vetter!« (22). Shen Te zögert noch immer; als aber die Hausbesitzerin als Voraussetzung für den Mietvertrag »Referenzen« fordert und nun die Frau »Vetter! Vetter!« »souffliert«, sagt sie »langsam, mit niedergeschlagenen Augen: Ich habe einen Vetter« (25). »Mit diesem Satz ist die neue Bühnenfigur gefunden.«[57]

Shui Ta als erfundene Figur

Das Soufflieren, das die Zuschauer im Theateralltag eigentlich nicht hören sollen, ist hier offen in das Spiel eingebaut. Shen Te, die sich zunächst dagegen wehrt, den

6. INTERPRETATION **55**

Vetter als fiktive Figur zu akzeptieren, und sie nicht zu benötigen meint, bekommt vorgesagt, dass es künftighin ohne diese Erfindung nicht gehen wird. Sie muss erkennen, dass »der Text des Stücks« von ihr einen anderen »Figurentext« verlangt: »Durch das Soufflieren [...] setzt sich der Text des Stückes gegen den Text der Figur [der Shen Te] durch; diese [...] wird gezwungen, sich in den ›übergeordneten‹ Kontext des Stücks zu fügen und ihren Part danach auszurichten.«[58] Der »Text des gesamten Stücks«[59] lautet so: Shen Te und ihr Rollenverständnis werden von Shui Ta immer weiter zurückgedrängt, bis sie gar nichts mehr zu sagen hat. Die Verhältnisse nötigen sie, immer länger den Vetter Shui Ta und immer weniger sich selbst zu spielen.

Erst in der Schlussszene, nach ihrer Selbstenttarnung, findet sie wieder sich selbst und zu ihrem Text, löst damit aber »Entsetzen« aus. Der erste Gott ruft ihr zu: »Sprich nicht weiter, Unglückliche!« (140). Ihr Eingeständnis, dass sie mit Shui Ta identisch ist, und »der böse Mensch« ist, von dessen »Untaten«

> *Identität von Shen Te und Shui Ta*

alle berichtet haben, wird von ihm als verwirrtes und unglaubliches Gerede zurückgewiesen (140). Die Götter weigern sich einzugestehen, dass es den ›guten Menschen‹ nicht gibt, dass er ihre eigene Erfindung ist. Großzügig übersehen sie daher, dass Shen Te und Shui Ta ein und dieselbe Person sind. Was aber »Shen Te zu sagen hat, hat auf dieser Bühne nichts verloren; die Souffleure des Stücks haben sich durchgesetzt. Ihr Text gilt.«[60]

56 6. INTERPRETATION

Güte und Liebe

Im Vorspiel zählt Shen Te fünf der Zehn Gebote, die sich auf das Zusammenleben der Menschen beziehen, als Maßstäbe ihres Bemühens auf, gut zu sein. Zu Beginn des Stückes scheint es auch, als bestätige ihr Verhalten den zentralen Wert christlicher Ethik, die Nächstenliebe. Doch ihr Leitspruch, gut zu anderen und gut zu sich selbst zu sein (129), widerspricht dem Eindruck, sie wolle ernsthaft die christlichen Gebote erfüllen; denn zum einen deutet ihr Motto das christliche Gebot ›Liebe deinen Nächsten wie dich selbst‹ um und zum anderen zeigt ihre Doppelrolle, dass ihr Gutsein die Ausbeutung voraussetzt – und gerade dies ist alles andere als christlich.

Umkehrung des christlichen Gebots der Nächstenliebe

Das gesamte Stück demonstriert, dass das Ideal der Güte und des Gutseins und die Wirklichkeit der herrschenden gesellschaftlichen Zustände miteinander unvereinbar sind. Spätestens an seinem Schluss wird auch klar, dass das Geldgeschenk der Götter, das Shen Te die ökonomische Basis ihres Gutseins gewährleisten sollte, ironischerweise der Auslöser einer Entwicklung war, die zwangsläufig die Erfindung Shui Tas erforderlich machte.

Selbst die Liebe erweist sich letztlich als »schöne[r] äußere[r] Schein eines Ausnutzungsverhältnisses«, »in dem wiederum das Gute dem Bösen Platz machen muss, will es überleben«[61]. Nur ein einziges Mal, bei der ersten Begegnung von Shen Te und Yang Sun, werden die harten Gesetze der Wirklichkeit, in der selbst die Liebe zur Ware geworden ist, außer Kraft gesetzt. Die Szene ist als »eine der merkwürdigsten, eindrucks-

Erste Begegnung Shen Tes mit Sun – ein Augenblick wahrer Liebe

vollsten Liebesszenen der Weltliteratur« bezeichnet worden: »Der Strick des potentiellen Selbstmörders fesselt Shen Te, ihr spontanes Mitleid ist die Vorform der Liebe, sein Versuch, sie wegzuscheuchen, indem er sie häßlich nennt, lockt die lange verschüttete weibliche Eitelkeit, im Keim schon die neue Lust am Körper aus ihr hervor. Der Regen, der fällt, treibt sie zusammen, die Natur schüttet ihren Fruchtbarkeit fördernden Überfluß aus.«[62]

Der Glückszustand Shen Tes währt aber nur kurz. Als sie sich – in der Rolle Shui Tas – entschließt, ihren Laden wieder zu verkaufen, um Suns Fliegerstelle zu finanzieren, ahnt sie bereits, dass sie nicht allein diesen Preis für ihre Liebe zahlen muss; daher bezeichnet sie die Liebe als die »tödlichste« aller menschlichen Schwächen (73). Und als sie wenig später das Werben des Barbiers ausschlägt und, zum Publikum gewendet, bekennt, sie wolle mit Sun gehen, weil sie ihn liebe (80), weiß sie im Grunde, dass er ihre Liebe nur als Mittel zum Zweck benutzt. Die versprochene Heirat kommt dann ja auch nicht zustande, weil Sun nur einzuwilligen bereit ist, wenn Shui Ta erscheint und jene dreihundert Silberdollar bringt, die er braucht, um seine Stellung als Flugzeugführer zu bekommen. Da Shui Ta natürlich nicht erscheinen kann, ist das Desaster unabwendbar.

> *Shen Tes ausgenutzte Liebe*

Der ›offene‹ Schluss

Nach dem Ende der szenischen Aktionen tritt ein Schauspieler vor den Vorhang und spricht einen Epilog, der mit dem Appell an die Zuschauer endet, sich selbst einen guten Schluss zu suchen, weil der gezeigte Schluss doch

58 6. INTERPRETATION

wohl unbefriedigend sei. Viel zitiert sind die Verse: »Wir stehen selbst enttäuscht und sehn betroffen / den Vorhang zu und alle Fragen offen« (144).

Interpreten haben diese Aussage ernst genommen und über ihre Bestätigung reflektiert. Volker Klotz beispielsweise macht seine Überlegungen an der Aussage des Epilog-Sprechers fest, den Spielern habe die »goldene Legende« (144) vorgeschwebt. Nach dem Stil der *Legenda aurea* hätte Shen Te ein durch Wunder beglaubigtes heiligmäßiges Leben geführt, getragen von der Heilsgewissheit hätte sie den finstern Mächten des Bösen getrotzt und wäre verklärt einen Märtyrertod gestorben. Das Stück zeige jedoch, dass Shen Te keine Heilige sei. Ihr Wille zum Guten sei nicht so unbedingt, dass sie selbst sich opfern würde, im Gegenteil: ihr Kind sei ihr das Nächste. »Sie ist Mensch aus Fleisch und Blut und somit allgemein-verbindliche Figur der Parabel, die berichtet, nicht wie der Mensch unter den gezeigten Umständen sich verhalten soll, sondern wie er sich zu verhalten gezwungen wird.« Wobei Shen Tes Verhaltensweise, so die Auffassung von Volker Klotz, »noch die bestmögliche« sei.[63]

Walter Hinck hat den Schluss des *Guten Menschen* als gewichtiges Indiz für die »offene Dramaturgie des späten Brecht« gewertet, die die prinzipielle Fortsetzbarkeit der Handlung gewährleistet.[64] Der Form nach trifft dies zu, aber nicht dem Inhalt nach. Die Ratlosigkeit des Epilogs ist nicht ernst zu nehmen, sie ist fingiert. Jan Knopf legt plausibel dar, dass die »eigentliche« Handlung keineswegs offen sei.

> Geschlossenheit der ›eigentlichen‹ Handlung

Shen Tes Spiel, zu dem essentiell die Verkleidung als Shui Ta gehöre, nehme im Gegenteil ein bitteres Ende. Die Gesellschaft von Sezuan werde die Tatsache, dass

6. INTERPRETATION **59**

sie regelrecht vorgeführt worden sei, mit aller Pein für den Bösewicht sanktionieren und ihn wie ein Tier zur Strecke bringen.[65] »Shen Te steht am Ende vor dem Nichts; der Kreis hat sich fürchterlich geschlossen.«[66] Genau genommen ist Shen Te am Schluss sogar in einer noch viel schlimmeren Situation als zu Anfang. »Das Geschenk der Götter, das ihr den sozialen Aufstieg versprach und Grundlage sein sollte, Gutes zu tun, hat sie nicht nur in die Selbstentfremdung des Shui Ta getrieben und dadurch ihre Güte wie ihre Liebe vernichtet.«[67] Als ledige und schwangere Frau, die von der Gesellschaft geächtet ist, wird sie ihre Existenz nicht einmal mehr durch die Prostitution gewährleisten können.

> Der ›offene‹ Schluss, von dem der Epilog spricht, betrifft folglich nicht die Handlung, allerdings deren Konsequenz. Und die kann nur lauten, dass diese »Welt«, die das Stück vorgeführt hat, »unbewohnbar« ist (131); so sagt es auch der dritte Gott. Daraus folgt die weitere Konsequenz, dass die Welt verändert werden muss. »Die mögliche Veränderung aber findet nicht mehr […] auf der Bühne statt, sie kann nur den Zuschauern, welche die Konsequenz erkannt haben, übereignet werden. […] Der ›offene‹ Schluss verweist demnach darauf, dass die Kunst ihre Grenze an den real herrschenden Verhältnissen, die für die Zuschauer gelten, findet und sie sich weder mit Wirklichkeit noch gar mit gesellschaftlicher Praxis verwechselt.«[68]

> *Offenheit bezüglich der Konsequenzen aus der Handlung für die gesellschaftliche Wirklichkeit*

Über die Richtung der Veränderung lässt Brecht die Zuschauer im gezeigten Modell des *Guten Menschen von Sezuan* freilich nicht im Unklaren. Die Fragen des Epilogs »Soll es ein andrer Mensch sein? Oder eine andre Welt?«

Die freundlichere Welt des Kommunismus als Modell

(142) sind rein rhetorisch. Denn die Antwort kann nur heißen: Natürlich eine andere Welt, eine gute, eine humane. Das ist »bei dieser Spielanordnung und mit dieser Protagonistin so sehr vorauszusehen, daß schon der Prolog hätte bündig enden können mit: Den Vorhang auf und keine Frage offen«[69]. Der ›Fall Sezuan‹ wird dem Zuschauer im Theater nur scheinbar überantwortet. Nach der marxistischen Auffassung Brechts sind die Verhältnisse in der Welt so veränderbar, dass es durchaus möglich ist, »gut zu sein und doch zu leben«; die freundlichere Welt, die der Kommunismus bereithält, zeugt davon. Somit ist der gute Schluss dem Stück so immanent, dass er gar nicht mehr ausgesprochen werden braucht.

Ein gewichtiges Argument für diese Interpretation enthält die Vorbemerkung, die allerdings nur dem Leser zugänglich ist. Es heißt dort: »Die Provinz Sezuan der Parabel, die für alle Orte stand, an denen Menschen von Menschen ausgebeutet werden, gehört heute nicht mehr zu diesen Orten« (6). Nach der 1949 erfolgten Konstituierung der Volksrepublik China hielt es Brecht für erforderlich, die Provinz Sezuan im kommunistischen China aus dem Geltungsbereich der Parabel herauszunehmen, weil er dort wohl die Bedingungen für ein verändertes, freundliches Zusammenleben der Menschen gegeben sah. Mitgemeint waren damit, wie Hans Mayer[70] vermerkt, gewiss aber auch alle »sozialistischen Systeme«, einschließlich der DDR mitsamt dem Theater am Schiffbauerdamm und seinen Besuchern.

Außerhalb der kommunistischen oder sozialistischen Gesellschaften gab es, in der Sicht Brechts, das Sezuan der Parabel freilich durchaus noch; das Thema des Stücks hatte sich durch die Wirklichkeit keineswegs erledigt. Als Bot-

6. INTERPRETATION **61**

schaft Brechts für die Menschen, die in solcher noch zu verändernder Realität verhaftet sind, benennt Hans Mayer das Ideal der Solidarität. Er sieht sich in dieser Deutung durch das Gedicht *Die Freunde*[71] bestätigt, das Brecht aus dem Chinesischen übersetzt hat und in dem er, das Motiv des Wasserverkäufers verwendend, die Freundlichkeit als Grundgestus der Solidarität benennt.[72] Dass Freundlichkeit oder Güte der Natur des Menschen entspricht, ihm angeboren ist, gilt Brecht als unumstößliche anthropologische Wahrheit. Allerdings zeigt das Stück auch dies: dass sich die natürliche Mitgift »in unnatürlichen Verhältnissen als unendlich korrumpierbar, als unbrauchbar, ja lebensgefährlich« erweist.[73] Es bleiben also Widersprüchlichkeiten und »Ungereimtheiten«[74]. Sie lassen sich als der Antagonismus beschreiben, dass »der Mensch [...] unveränderlich gut, doch unendlich korrumpierbar, die Welt dagegen zwar unmenschlich schlecht, doch utopisch perfektionierbar« scheint.[75] Es spricht einiges dafür, dass gerade dieser Gegensatz, der als »simples, doch nicht hoffnungsloses Paradox«[76] wirkt, die literarische Qualität von Brechts Parabelstück ausmacht.

> *Freundlichkeit als Grundgestus der Solidarität*

7. Andere literarische Ausformungen der Thematik

Zwei Prosaversionen des Stoffs vom *Guten Menschen* stammen von Brecht selbst. 1939 hat er unter dem Titel *Der gute Mensch von Sezuan. Ein Zeitungsbericht* einen Text geschrieben, der sich auf eine Stückfassung aus dem gleichen Jahr bezieht. Von einer Reihe Details abgesehen – beispielsweise heißt Shen Te darin Li Gung und Shui Ta heißt Lao Go – entspricht der Inhalt dieses Textes in den Grundzügen dem späteren Stück. Die im Frühjahr 1943 entstandene Fabelerzählung *Der gute Mensch von Sezuan* weicht stärker von der Handlungsführung des Stückes ab, sie bezieht sich auf die so genannte ›Opium-Handlung‹ der *Version 43*. Der Tabak in den Säcken, die die achtköpfige Familie in Chen Tes[77] Laden deponiert, ist mit Opium versetzt. Der Vetter Chui Ta verkauft ihn, um seinen Aufstieg zu finanzieren. Chen Te jedoch, die das Opium zunächst auch in einem Teehaus veräußern wollte, um dem geliebten Flieger Sun zu einer Stelle zu verhelfen, gibt ihre Absicht auf, nachdem sie dort die Süchtigen gesehen hat. Chui Ta aber setzt den opiumhaltigen Tabak skrupellos ein, und Sun, der Chen Tes Liebessehnsucht bitter enttäuscht, wird selbst zu einem Opfer.

Das Motiv des ›gespaltenen Menschen‹ in Brechts Ballett Die sieben Todsünden der Kleinbürger

Das Motiv des ›gespaltenen Menschen‹ hat Brecht vor dem *Guten Menschen* in dem von ihm als »Ballett« bezeichneten Spiel *Die sieben Todsünden der Kleinbürger* gestaltet, das, mit der Musik von Kurt Weill, am 7. Juni 1933 im Pariser Théâtre des Champs-Élysées uraufgeführt wurde. In sieben Szenen,

7. ANDERE LITERARISCHE AUSFORMUNGEN 63

einem Vor- und einem Nachspiel stellt das Stück die Tournee zweier Schwestern, der Managerin Anna I und der Tänzerin Anna II, durch Amerika dar, die Geld verdienen wollen, um für sich und ihre Familie ein kleines Haus zu erwerben.

Die als zwei Personen vorgeführte Anna ist in Wirklichkeit nur eine Person. Um aber zu Wohlstand zu kommen, muss sie sich in Anna I und Anna II, in Mensch und Ware, aufteilen. ›Todsünden‹ begehen die Schwestern, wenn sie etwas tun, was in der Warenwelt keinen Gewinn bringt. Annas ›Unzucht‹ beispielsweise besteht darin, den zu lieben, den sie wirklich liebt, und nicht den, der sie bezahlt; nicht anders als diese ›Todsünde‹ sind auch die übrigen in Wirklichkeit Tugenden. »Die Existenzspaltung, die die beiden Annas verkörpern, bezeichnet die Aporie (die von innen unlösbare Widersprüchlichkeit) der bürgerlich-kapitalistischen Gesellschaft, dass das Leben in ihr die Persönlichkeit und umgekehrt jeder Versuch, die Persönlichkeit zu wahren, das Leben in ihr zerstört.«[78]

Mehrfach ist Brechts Stück *Der gute Mensch von Sezuan* von Interpreten mit Lessings *Nathan der Weise* und Goethes *Iphigenie auf Tauris* verglichen worden. Die Stoffe bzw. Handlungsfabeln der beiden Dramen gleichen zwar weder einander noch sind sie die des Brecht'schen Stücks, wohl aber thematisieren sie ein ähnliches Problem; insofern kann eine kontrastive Betrachtung erhellende Einsichten bewirken und auch der Interpretation des *Sezuan*-Stücks noch etwas genauere Kontur geben.

Lessings »dramatisches Gedicht« (Untertitel) spielt zur Zeit der Kreuzzüge in Jerusalem, wo Moslems, Christen und Juden unmittelbar und keineswegs friedlich aufeinander treffen. Der reiche Jude Nathan kehrt von einer Ge-

Lessings Nathan der Weise

64 7. ANDERE LITERARISCHE AUSFORMUNGEN

schäftsreise zurück und erfährt, dass seine Adoptivtochter Recha durch einen christlichen Tempelherrn vor dem Feuertod gerettet worden ist. Sultan Saladin hatte diesen Tempelherrn wegen der Ähnlichkeit mit seinem verschollenen Bruder zuvor durch einen unerwarteten Gnadenakt von der Hinrichtung verschont.

Nathan wird zum Sultan gebeten, der seine allseits gerühmte Klugheit auf die Probe stellen möchte. Er fragt ihn, welche der drei großen Religionen, die christliche, die jüdische oder die muslimische, die »wahre« (67)[79] sei. Nathan antwortet mit einem »Märchen« (68), der so genannten ›Ring-Parabel‹: Ein Mann besaß einst einen Ring, dessen Stein die geheimnisvolle Kraft hatte, seinen Träger »vor Gott und Menschen angenehm zu machen« (69). Dieser Ring vererbte sich von Generation zu Generation auf den jeweiligen Lieblingssohn, bis einmal ein Vater sich nicht entscheiden konnte, welcher seiner drei Söhne ihm der liebste sei, und daher zwei weitere Ringe anfertigen ließ, die vom Original nicht zu unterscheiden waren. Den später ausbrechenden Streit der Söhne um den echten Ring schlichtete ein Richter, indem er den guten Lebenswandel und das gute und richtige Handeln zum Maßstab für die Echtheit des Rings erklärte.

Die »Ring-Parabel«

Jede Religion, so erkennt Sultan Saladin, muss sich durch andauernde praktische Humanität bewähren, erst dadurch wird sie »wahr«. Tief bewegt bietet er Nathan seine Freundschaft an. Der Tempelherr, der sich in Recha verliebte, zunächst aber vor seiner Liebe zu ihr zurückgeschreckt war, weil er sie für eine Jüdin hielt, überwindet seine Vorbehalte und bittet Nathan um die Hand seiner Adoptivtochter. Nach einigen Verwirrungen und Verwicklungen erweist sich Recha aber als die leibliche Schwester des Tempelherrn

7. ANDERE LITERARISCHE AUSFORMUNGEN 65

und dieser wiederum als Neffe des Sultans. Der weise Nathan wird von Recha und dem Tempelherrn als ihr »Vater« und geistiger Führer angesehen. Juden, Moslems und Christen versöhnen sich in »allseitigen Umarmungen« (134).

Titelfigur in Goethes »Schauspiel« – so der Untertitel – *Iphigenie auf Tauris* ist die Griechin Iphigenie, eine Priesterin der Göttin Diana. Der taurische König Thoas hatte ihr das Leben geschenkt und durch diese Tat mit dem Brauch seines Landes gebrochen, jeden Fremden den Göttern zu opfern. Als er um Iphigenie wirbt, offenbart sie ihm das Geheimnis ihrer Herkunft: Sie stammt aus dem fluchbeladenen Geschlecht der Atriden und sollte von ihrem Vater Agamemnon geopfert werden, um günstigen Wind für den Kriegszug nach Troja zu erhalten. Diana hat sie aber gerettet und auf wunderbare Weise nach Tauris gebracht. Thoas droht, die Menschenopfer wieder einzuführen, wenn sie ihn abweist.

> Goethes Iphigenie auf Tauris

In zwei zur Opferung bestimmten Fremden erkennt Iphigenie ihren Bruder Orest und seinen Freund Pylades, und in ihrer Wiedersehensfreude ist sie zunächst bereit, mit den beiden zu fliehen. Nach schwerem innerem Kampf gesteht sie jedoch dem König die Wahrheit und bittet ihn im Namen der Menschlichkeit, der Heimkehr aus freiem Willen zuzustimmen. Der Appell hat Erfolg; die aus reinem Herzen kommende humane Initiative Iphigenies überwindet die tragische Situation.

Vom ›guten Menschen‹ ist weder in Lessings »dramatischem Gedicht« noch in Goethes »Schauspiel« ausdrücklich die Rede, und doch ist diese Vorstellung mitgedacht. Die Titelfiguren verkörpern Ideale, die in der Entstehungszeit beider Dramen besonders bedeutsam waren. Lessings Nathan

66 7. ANDERE LITERARISCHE AUSFORMUNGEN

propagiert in einer von Religionskriegen geprägten Wirklichkeit das Ideal der Toleranz. Seine Botschaft heißt: Der Wert eines Menschen hängt nicht ab von seinem Glauben, sondern von der Qualität seines vernunftgeleiteten ethischen Handelns, seiner ›guten Tat‹. Goethes Iphigenie zeigt die Wirkkraft des Humanitätsideals in einer von Hass und Barbarei geprägten Welt. »Ihre Humanität bewährt sich im Vertrauen auf die Humanität des Königs, für dessen Humanisierung sie seit langem gekämpft hat.«[80] Die Grundlage der Humanität bildet für Goethe ein ethisches Handeln, das sich gerade in Extremsituationen »als autonome Sittlichkeit und Selbstbestimmung«[81] verwirklicht.

Lessings Toleranzideal und Goethes Humanitätsideal sind in ihrem hohen Anspruch nur vor dem Hintergrund der abendländisch-christlichen Vorstellung vom freien Willen des Menschen und seiner natürlichen Disposition zum Guten wie zum Bösen zu begreifen. Nach diesem Menschenbild besteht der Lebenssinn darin, in ethischer Selbstbestimmung und freier Willensentscheidung die Fähigkeit zum Gutsein auszubilden; es schließt aber auch das Wissen ein, dass der Mensch dem Hang zum Bösesein nachgeben kann. Zur Konsequenz solcher Autonomie gehört daher, dass er für sein Handeln verantwortlich ist, also auch zur Verantwortung gezogen wird. Der Mensch darf zwar auf einen gnädigen Gott hoffen, Gott aber richtet am Ende über sein Leben und belohnt oder bestraft ihn.

Der freie Wille als Grundlage von Toleranz und Humanität

Brecht adaptiert im *Guten Menschen von Sezuan* die tradierte christliche Vorstellung, am augenfälligsten im literarischen Grundmuster vom Großen Welttheater; allerdings ist die Übernahme lediglich formal, inhaltlich

7. ANDERE LITERARISCHE AUSFORMUNGEN 67

deutet er sie radikal um. Shen Te braucht sich die Tugend der Solidarität nicht zu erkämpfen, sie ist vielmehr von Natur aus gut und folgt inso-fern einem natürlichen Bedürfnis, wenn sie »nicht nein sagen kann« (12 f.) und es als »angenehm« empfindet, »freundlich zu sein« (101). Der Widerspruch zwischen ihren

Solidarität als Ausdruck natürlichen Gutseins

guten und bösen Taten in ihrer Doppelrolle wird nicht durch freie Willensentscheidungen verursacht, sondern durch die Verhältnisse, die unmenschliches Verhalten er-zwingen und die gewollte oder durch die göttlichen Ge-bote geforderte Nächstenliebe unrealisierbar machen. Der Wille zum Guten führt angesichts der gesellschaftli-chen Wirklichkeit nur zum »Ruin« (137).

Brechts Überzeugung, die hier über den Marxismus hin-aus auch vom chinesischen Denken beeinflusst ist, wird im Epilog des Stückes in den Fragen nach einem »andern Menschen« oder einer »an-dern Welt« (144) offenbar. Seine Vorstel-lung, man müsse nur die gesellschaftlichen Zustände ändern, damit der Mensch sein natürliches Gutsein gemäß dem Ideal der

Realitätsbezug von Brechts Ideal der Freundlichkeit

Freundlichkeit leben könne, wirkt durchaus faszinierend. Das Urteil über ihren Realitätsbezug wird freilich sehr unterschiedlich ausfallen, gemessen daran, ob sie als posi-tive Sozialutopie verstanden wird oder als ein anthropo-logischer Irrtum (Hans Jonas), weil im Menschen immer zugleich das Gute wie das Böse angelegt ist.

8. Autor und Zeit

Bertolt Brechts Lebenszeit fiel in jene Hälfte des vorigen
Jahrhunderts, die den Menschen zwei Weltkriege bescherte.
Am Schluss des Ersten wurde er als Zwanzigjähriger noch
zum Lazarettdienst verpflichtet, den Zweiten erlebte er vom
Ausland her mit, weil ihn das Naziregime für fast fünfzehn
Jahre ins Exil gezwungen hatte. Im Grunde blieben ihm nur
das anderthalbe Jahrzehnt bis 1933 und die neun Jahre nach
seiner Rückkehr aus Amerika bis zu seinem Tod für eine
künstlerische Produktion, die von den politischen Ereignis-
sen nicht beeinträchtigt oder beeinflusst war. Umso beacht-
licher ist das Werk, das er geschaffen hat.

Brecht, der früh zu schreiben begann, zweifelte nie ernsthaft
an seiner Befähigung zum Dichter, und die Resonanz beim Publikum gab ihm Recht. 1922
hatte er mit *Trommeln in der Nacht* seinen ersten Theatererfolg, die *Hauspostille*, seine 1927
veröffentlichte erste Lyriksammlung, fand erfreuliche Beach-
tung und die bejubelte Uraufführung der *Dreigroschenoper* im
Jahre 1928 machte den gerade Dreißigjährigen weltberühmt.

Schriftstellerische Anfänge

Die zwanziger Jahre, die er überwiegend in Berlin ver-
brachte, waren für Brecht eine intensive Zeit des Lernens
und der Selbstklärung. Als Resultat seiner
Auseinandersetzung mit den aktuellen politischen, wirtschaftlichen und gesellschaftlichen
Fragen seiner Zeit – Weltwirtschaftskrise, ho-
he Arbeitslosigkeit, soziales Elend – wurde er zum Marxisten, und diese weltanschauliche ›Wende‹ hat fortan sein
künstlerisches Schaffen geprägt. Je eingehender er mit der
marxistischen Interpretation der politisch-ökonomischen

Marxistische Wende

Bertolt Brecht, Foto, um 1950. © akg-images

Phänomene der modernen Gesellschaft vertraut wurde, umso mehr wuchs in ihm die Einsicht, dass diese Wirklichkeit mit den traditionellen Formen der Dichtung nicht mehr beschrieben und dargestellt werden könne. So begann er, insbesondere im Drama und Theater, intensiv zu experimentieren und erarbeitete als Ergebnis die Form des episch-dialektischen Theaters. Er ersetzte darin die bislang dominierende Tendenz zu genussvoller Unterhaltung durch eine gesellschaftliche, politische und pädagogisch-belehrende Funktion. Weil letztlich nur die Menschen die Gesellschaft ändern können, will sein Theater fortan das Leben beeinflussen. Indem es die menschlichen Verhältnisse, Verfahren, Verhaltensweisen und Institutionen als veränderbar darstellt, soll es den Zuschauer zu Konsequenzen auffordern und zum Eingreifen in die Wirklichkeit motivieren, das heißt, ihn zu einem Handeln veranlassen, das diese Wirklichkeit verändert – und zwar im Sinne des Marxismus.

Die nationalsozialistische »Machtergreifung« führte in Brechts Leben und Werk zu einer harten Zäsur. Marxist aus Überzeugung, der er war, ohne jemals der kommunistischen Partei beigetreten zu sein, sah er sich und seine Arbeiten früh dem Hass der Nationalsozialisten ausgesetzt. *Exil* Unmittelbar nach dem Reichstagsbrand am 27. Februar 1933 entzog er sich darum ihrer absehbaren Verfolgung und floh über Prag, Wien und Paris nach Dänemark. Seine Werke wurden bei der Bücherverbrennung am 10. Mai 1933 in die Flammen geworfen.

Nach Ausbruch des Krieges veranlasste ihn der siegreiche Vormarsch der deutschen Wehrmacht, »öfter als die Schuhe die Länder« zu wechseln und 1939 erst nach Schweden, 1940 dann nach Finnland und 1941 schließlich über die Sowjetunion in die USA zu fliehen.

8. AUTOR UND ZEIT 71

Insbesondere in der ersten Phase des Exils investierte Brecht viel Kraft in den Kampf gegen den Hitler-Faschismus und richtete danach Themen und Sprache seiner Werke aus. Er hoffte, dadurch derart zur Stärkung der antifaschistischen Kräfte in Deutschland beizutragen, dass sie den baldigen Zusammenbruch der Diktatur herbeiführen könnten. In keinem seiner Gastländer richtete er sich auf Dauer ein, immer blieb die Rückkehr nach Deutschland sein Ziel, und diese Grundeinstellung erhielt ihm auch seine Kraft zu literarischer Produktion von beachtlichem Ausmaß. Er schrieb vor allem Lyrik und Prosa, aber auch zahlreiche Theaterstücke. Alle seine großen Dramen – *Der gute Mensch von Sezuan, Herr Puntila und sein Knecht Matti, Der kaukasische Kreidekreis, Mutter Courage* und *Leben des Galilei* – sind im Exil entstanden. Freilich wurden sie nur selten gespielt und konnten ihre Wirkung erst nach dem Krieg entfalten. Im Exil hat er auch seine Dramen- und Theatertheorie ausgearbeitet, die seine Versuche mit einem episch-dialektischen Theater im Konzept einer »nichtaristotelischen« Dramatik zusammenfasste.

Nach der Rückkehr aus dem Exil entschied sich Brecht für den Osten des geteilten Deutschlands. Seine Option für das sozialistische System ließ ihn jedoch nicht übersehen, dass die Idee der sozialistischen Gesellschaft in der Realität der DDR keineswegs schon umgesetzt, vielmehr nur erst als Ziel sichtbar war. Davon sprechen insbesondere die im Umfeld des Volksaufstands in der DDR am 17. Juni 1953 entstandenen Gedichte der *Buckower Elegien.*

> Entscheidung für den sozialistischen Teil Deutschlands

Die letzten Jahre Brechts galten – neben dem Engagement in der Akademie der Künste und im PEN-Zentrum – im

8. AUTOR UND ZEIT

Wesentlichen der praktischen Theaterarbeit im Berliner Ensemble. Er konzentrierte sich auf die Bearbeitung klassischer Stücke (z. B. von Shakespeare, Molière, Sophokles) sowie auf die modellhafte Inszenierung der eigenen Werke. *Der gute Mensch von Sezuan* wurde allerdings nicht von ihm selbst, sondern im Oktober 1957 – also erst nach seinem Tode – von seinem ›Schüler‹ Benno Besson herausgebracht.

Arbeitsschwerpunkt Theater

Bertolt Brecht starb am 14. August 1956 an den Folgen eines Herzinfarkts. Wunschgemäß wurde er am 17. August ›in aller Stille‹ auf dem Dorotheenstädtischen Friedhof neben seiner Wohnung in der Chausseestraße beigesetzt. Als ›amtliche‹ Trauerfeier fand am nächsten Tag ein ›Staatsakt‹ im Theatersaal des Berliner Ensembles am Schiffbauerdamm statt.

Kurzbiographie

1898 Bert(olt), eigentlich: Eugen Berthold Friedrich, Brecht wird am 10. Februar in Augsburg geboren.

1917–19 Studium der Medizin und der Philosophie in München, unterbrochen durch vier Monate Lazarettdienst.

1919 Geburt von Brechts und Paula »Bi« Banholzers Sohn Frank (gefallen 1943).

1922 Heirat mit der Opernsängerin Marianne Zoff (Scheidung 1927).

1923 Geburt von Brechts und Marianne Zoffs Tochter Hanne.

1924 Geburt von Brechts und Helene Weigels Sohn Stefan. Übersiedlung von München nach Berlin.

1929 Heirat mit Helene Weigel.

8. AUTOR UND ZEIT 73

1930 Geburt von Brechts und Helene Weigels Tochter Barbara.

1933–47 Exil mit den Stationen Dänemark (bis 1939), Schweden (1939/40), Finnland (1940/41), USA (1941–1947). 1935 wird Brecht und seinen Kindern die deutsche Staatsbürgerschaft aberkannt.

1947 Verhör vor dem »Committee on Unamerican Activities« in Washington. Sofort danach Rückkehr aus den USA über Paris nach Zürich.

1949 Übersiedlung nach Ostberlin. Gründung des Berliner Ensembles unter der Leitung von Helene Weigel. Brecht ist als Erster Spielleiter für die künstlerische Arbeit des Theaters verantwortlich.

1950 Erwerb der österreichischen Staatsbürgerschaft.

1953 Wahl Brechts zum Präsidenten des PEN-Zentrums Deutschland (Ost und West).

1954 Das Berliner Ensemble zieht in das Theater am Schiffbauerdamm. Brecht wird Vizepräsident der Deutschen Akademie der Künste.

1956 Brecht stirbt am 14. August an den Folgen eines Herzinfarkts.

Werktabelle

1914 *Die Bibel.* Erstes, in der Schülerzeitschrift *Die Ernte* veröffentlichtes Drama Brechts.

1923 *Baal.* Erstes großes Stück Brechts. Es erzählt die Geschichte eines asozialen Dichters, wüsten Säufers und Landstreichers, der sein »Glücksverlangen« (Brecht) hemmungslos und selbstzerstörerisch auslebt, seine Mitmenschen ausnutzt und zum Mörder an seinem Freund wird. Am Ende sucht er den Aufenthalt in der

Natur und verreckt jämmerlich bei Holzfällern im Wald.

Trommeln in der Nacht. Erstes explizit gesellschafts-kritisches Stück Brechts. Es handelt von dem totgesagten Kriegsheimkehrer Andreas Kragler, der sich mit den Profitmachern der Nachkriegszeit und dem Treuebruch seiner Braut Anna auseinander setzen muss. Als Anna sich wieder zu ihm bekennt, gibt er den Plan auf, sich der (November-)Revolution anzuschließen, und zieht sich in sein privates Glück zurück.

Im Dickicht der Städte. Drama über den »Kampf zweier Männer in der Riesenstadt Chicago« (Untertitel).

1926 *Mann ist Mann.* »Lustspiel« über »Die Verwandlung des Packers Galy Gay in den Militärbaracken von Kilkoa im Jahre neunzehnhundertfünfundzwanzig« (Untertitel) zu einem »Kollektivmenschen« (Herbert Ihering), einer menschlichen Kampfmaschine ohne eigene Identität.

1927 *Bertolt Brechts Hauspostille.* Sammlung der (meisten) frühen Gedichte Brechts. Parodistisch-satirische Nachahmung eines christlichen Erbauungsbuches in fünf »Lektionen«, das mit dem Rollengedicht *Vom armen B. B.* schließt.

1928 *Dreigroschenoper.* Das »Stück mit Musik« von Kurt Weill war der größte Theatererfolg der zwanziger Jahre und machte Brecht weltberühmt. Es aktualisiert eine Oper aus der Zeit des Barock und handelt vom Straßenräuber Macheath, genannt Mackie Messer, der mit dem Polizeichef im Bunde steht, auf Betreiben des Bettlerkönigs Peachum, seines Schwiegervaters, beinahe an den Galgen kommt und doch gerettet wird.

1929 *Der Flug der Lindberghs,* später in *Der Ozeanflug* um-

8. AUTOR UND ZEIT 75

benannt, und *Das Badener Lehrstück vom Einverständnis* waren Brechts erste Experimente mit der Form des politischen Lehrstücks. Zu diesen zählen u. a. noch die »Schulopern« *Der Jasager* und *Der Neinsager* (1930) und das Spiel *Die Maßnahme* (1930). In diesen Stücken wollte Brecht nicht die Zuschauer, sondern die Darsteller (meist Schüler) in politisches Verhalten einüben, das auf dem Vorrang des Kollektivs gegenüber dem Individuum gründete. Am radikalsten ist diese ›Lehre‹ in *Die Maßnahme* realisiert: Die Tötung eines Genossen wird dadurch gerechtfertigt, dass er die Gemeinschaft, d. i. die kommunistische Bewegung, gefährdet habe.

1930 *Aufstieg und Fall der Stadt Mahagonny.* »Oper« mit der Musik von Kurt Weill. Seit ein Hurrikan die von Kriminellen gegründete Stadt bedrohte, herrscht in ihr das Gesetz der Anarchie, ist alles erlaubt, auch die Selbstzerstörung. Das wird in vier Szenen exemplarisch vorgeführt: »Essen«, »Lieben«, »Kämpfen«, »Saufen«. Der »Mangel an Geld« gilt in dieser kapitalistischen Gesellschaft allerdings als »das größte Verbrechen«.

1931 *Die Mutter.* Nach einem Roman des russischen Dichters Maxim Gorki dramatisierte Biografie einer Arbeiterfrau, die sich von der apathischen, unwissenden Mutter zur bewussten und aktiven Revolutionärin (in der Zeit des zaristischen Russland) wandelt. Erstes konsequent marxistisch orientiertes Stück Brechts.

1932 *Die heilige Johanna der Schlachthöfe.* Erstes Stück in der von Brecht entwickelten Form des »epischen«, später auch »dialektisch« genannten Theaters. Johanna Dark, Leutnant der Heilsarmee, wird Opfer des Machtkampfs zwischen den durch eine große Börsenspekulation arbeitslos gewordenen Arbeitern und den Schlacht-

8. AUTOR UND ZEIT

hofbesitzern Chicagos. Die von ihr angestrebte ›rein menschliche‹ Lösung erweist sich als Illusion, ungewollt wird sie sogar zur Mithelferin der Repression.

1934 *Lieder, Gedichte, Chöre*. Zusammen mit Hanns Eisler erarbeitete Sammlung politischer Lieder für den Kampf gegen den Nationalsozialismus.

Der Dreigroschenroman. Prosaversion des Stoffs der *Dreigroschenoper*. Die Räuberphase Macheaths bildet hier aber nur die Vorgeschichte zu seiner Karriere als Geschäftsmann, die er mit allen verbrecherischen Mitteln organisiert, ohne sich dabei selbst die Hände schmutzig zu machen. Die Parallelen zum (aufhaltbaren) Aufstieg Hitlers sind beabsichtigt.

1936 *Die Rundköpfe und die Spitzköpfe.* »Ein Greuelmärchen« über Rassenhass und ethnische Verfolgung, für das Hitlers Rassentheorie Modell steht. Die rundköpfigen Machthaber des Landes machen die Spitzköpfe für das wirtschaftliche Elend verantwortlich und verfolgen sie. Am Ende tafeln die reichen Rundköpfe mit den reichen Spitzköpfen und die Armen beider ›Rassen‹ baumeln gemeinsam am Galgen.

1938 *Furcht und Elend des Dritten Reiches*. Die Szenenfolge zeichnet ein Bild von der Situation der Menschen unter der nationalsozialistischen Diktatur. Thema ist die Deformation ihres Lebens durch Lüge, Anpassung, Misstrauen, Feigheit, Angst, Denunziation und Verrat, die alltägliche Schande und Erniedrigung.

1939 *Svendborger Gedichte*. Der in sechs Abschnitte gegliederte Zyklus der Gedichte der ersten Exilzeit enthält u. a. die antifaschistischen Texte der *Deutschen Kriegsfibel* und die für den deutschen Freiheitssender in Moskau geschriebenen *Deutschen Satiren*, aber auch eine erste

Sammlung von *Kinderliedern*. Den Abschluss bildet das berühmt gewordene Gedicht *An die Nachgeborenen*.

1940 *Flüchtlingsgespräche*. Dialog zwischen dem Intellektuellen Ziffel, einem Physiker, und dem Metallarbeiter Kalle im Bahnhofsrestaurant von Helsinki. Beide sind aus Deutschland vertriebene Opfer des Nationalsozialismus. Ihre Gespräche kreisen um die Heimat und die Frage, wie es mit dieser Heimat so weit hat kommen können.

1941 *Mutter Courage und ihre Kinder*. Diese »Chronik aus dem Dreißigjährigen Krieg« (Untertitel) über die Sinnlosigkeit des Krieges gilt als eines der epischen Musterdramen Brechts. Die Marketenderin Anna Fierling, genannt Courage, die sich den Zeiten anpasst und nach der Devise handelt, dass gut ist, was dem Geschäft nützt, verliert durch den Krieg ihre drei Kinder. Doch sie bleibt unbelehrt und zieht weiter mit ihrem Planwagen von einem Kriegsschauplatz zum anderen.

Der aufhaltsame Aufstieg des Arturo Ui. Parabelstück, in dem die Geschichte des Hitler-Faschismus von der Weltwirtschaftskrise bis zur Okkupation Österreichs in das Milieu amerikanischer Gangstersyndikate verfremdet ist.

1943 *Der gute Mensch von Sezuan*.

Leben des Galilei. Das Historiendrama thematisiert am Fall des italienischen Mathematikers und Physikers Galileo Galilei (1564–1642) das Problem der Verantwortung der zeitgenössischen Naturwissenschaftler gegenüber der Gesellschaft. Galilei führte den Nachweis, dass die Erde sich um die Sonne dreht, und geriet dadurch in Konflikt mit dem philosophisch-theologisch begründeten »ptolemäischen« Weltbild der Rö-

78 8. AUTOR UND ZEIT

mischen Kirche. Ein lebensbedrohendes Inquisitionsverfahren zwang ihn zum Widerruf seiner Erkenntnisse. In der Stückfassung von 1943 deutete Brecht Galileis Widerruf als kluge List, weil er dadurch sicherstellen konnte, dass seine Lehre in seinen Schülern weiterwirkt. Nach dem Abwurf der Atombomben auf die japanischen Städte Hiroshima und Nagasaki im Jahre 1945 änderte Brecht das Stück. Er zeigte nun einen Wissenschaftler, der mit seinem Widerruf nicht die Folgen seiner Erkenntnisse bedenkt und durch seine Unterwerfung an der Gesellschaft schuldig wird. Die Uraufführung dieser Fassung durch das Berliner Ensemble im Jahre 1957 hat Brecht nicht mehr erlebt.

1944 *Der kaukasische Kreidekreis.* Eines der konsequentesten und dichterisch gelungensten Beispiele des epischen Theaters Brechts. Nachdem der Streit um ein Tal gegen die ursprünglichen Besitzer zugunsten der Kolchose friedlich entschieden ist, deren Anbaumethoden die größere Produktivität verspricht, führt die Theatertruppe der unterlegenen Kolchose das Spiel von der Kreidekreisprobe vor, das sowohl aus dem Chinesischen wie aus der Bibel überliefert ist. Das Urteil wird allerdings umgekehrt: Nicht die leibliche Mutter erhält das Kind, sondern die Magd, die die Verantwortung und Sorge übernommen hat. Diese soziale Bestimmung des Muttertums gilt entsprechend für das Eigentum der Bauern.

1948 *Herr Puntila und sein Knecht Matti.* »Volksstück« (Untertitel). In nüchternem Zustand ist Puntila grob, unausstehlich und hartherzig, menschlich ist er nur im Rausch. Matti verlässt ihn, denn Knechte haben es nur dann erträglich, »wenn sie erst ihre eignen Herren sind«.

Kalendergeschichten. Sammlung von acht Erzählungen, denen alternierend Gedichte aus dem Zyklus der *Svendborger Gedichte* gegenüberstehen. Aufgenommen sind außerdem 39 *Geschichten vom Herrn Keuner.*

Kleines Organon für das Theater. Essay, in dem Brecht seine Theorie des episch-dialektischen Theaters darlegt.

1950 *Neue Kinderlieder.* In diesen Texten konkretisiert Brecht zum ersten Mal nach dem Krieg wieder seinen Glauben an eine neue sozialistische Wirklichkeit, die auf humanen Verhaltensweisen und neuen Gefühlen und Gedanken beruht.

1951 *Die Verurteilung des Lukullus.* »Oper«. Der Eroberer Lukullus wird von dem Totenrichter »ins Nichts« verstoßen, weil seine Kriege die Menschen ins Unglück gestürzt haben.

1953 *Buckower Elegien.* Sammlung von »epigrammatischen Kurzgedichten« (Peter Paul Schwarz), in denen Brecht den eigenen Standort und die gesellschaftliche und politische Situation der DDR nach dem Volksaufstand vom 17. Juni 1953 reflektiert. Klage und Betroffenheit über die ostdeutsche Wirklichkeit, die aufgrund einer bürokratisch erstarrten Führung noch nicht zum erstrebten Ziel der sozialistischen Gesellschaft gelangt ist.

Turandot oder Der Kongreß der Weißwäscher. Nach einem chinesischen Märchen gestaltetes Stück über die Verführbarkeit und Anpassung des Intellektuellen in der Zeit des Nationalsozialismus.

80 8. AUTOR UND ZEIT

Literaturgeschichtliche Bezüge und Rezeption

Brechts episch-dialektisches Theater wurde lange Zeit als das beispielgebende Muster der modernen Dramatik des zwanzigsten Jahrhunderts angesehen. Das theoretische Konzept dazu hat er nicht systematisch ausgearbeitet, sondern in engem Zusammenhang mit seiner praktischen Theaterarbeit entwickelt. Es besteht im Kern aus einer neuen Dramaturgie des Zuschauers.[82] Brecht will auf dem Theater Anschauungsmodelle für praktikable gesellschaftliche Lösungen zeigen; dafür muss er die Menschen ihre eigene Wirklichkeit wieder neu sehen lehren, und zwar als eine Lebenswelt, die veränderbar ist.[83] Sein Ziel ist eine »Emanzipation des Zuschauers«[84]. Er verlangt dafür allerdings eine erhebliche aktiv-schöpferische Leistung, und zwar in dem Sinne, dass die Darstellungen auf der Bühne den Zuschauer – in einem dialektisch sich vollziehenden Prozess – zur denkenden Mitarbeit auffordern. Im *Guten Menschen von Sezuan* geht er sogar noch einen Schritt weiter, in diesem Stück zeigt er nicht nur ein Spiel, das den Zuschauer eingreifendes Denken lehrt, sondern spricht im Epilog seine Erwartungshaltung an ihn auch unmittelbar aus.

Das Konzept des episch-dialektischen Theaters

In seiner späten Schaffensphase präzisiert Brecht die Dialektik auf dem Theater als Genuss und das eingreifende Denken als Lust. Dadurch kann er Unterhaltung und Belehrung, die beiden Grundfunktionen der Kunst, bruchlos in sein dramaturgisches Konzept integrieren. Den *Katzgraben-Notaten*, Anmerkungen zu einem Stück von Erwin Strittmatter, von 1953 stellte er das Motto voraus: »Es ist nicht genug verlangt,

Unterhaltung und Belehrung

8. AUTOR UND ZEIT **81**

wenn man vom Theater nur Erkenntnisse, aufschlußreiche Abbilder der Wirklichkeit verlangt. Unser Theater muß die *Lust* am Erkennen wecken, den *Spaß* an der Veränderung der Wirklichkeit organisieren.«[85]

Für Brecht hat die heutige Welt nicht nur Änderungen nötig, er hält sie auch für veränderbar und betrachtet das Theater als ein wichtiges Movens dieser Veränderung. In diesem Sinne praktiziert das episch-dialektische Theater eine »Dramaturgie der Veränderung«[86], versteht es sich als Drama des gesellschaftlichen Eingriffs.

Dramaturgie der Veränderung

Als Brecht nach fünfzehn Jahren Exil ›nach Hause‹ zurückkehrte, war nicht sicher, ob er an seine erfolgreiche Theaterarbeit in der Weimarer Zeit wieder anknüpfen könnte. Zu lange und zu radikal war er von ›seinem‹ Publikum abgeschnitten gewesen. Mit dem Ostberliner »Theater am Schiffbauerdamm« und dem von ihm begründeten »Berliner Ensemble« schuf er sich dann jedoch ein in der deutschen Theatergegenwart einzigartiges Instrument, um seine Werke wie seine Theorie konsequent an der praktischen Theaterarbeit zu überprüfen und zu modifizieren. Modellinszenierungen vom *Kaukasischen Kreidekreis*, der *Mutter Courage* und – postum – vom *Leben des Galilei* sowie eine Vielzahl von Klassikerbearbeitungen brachten dem Berliner Ensemble und seinem Regisseur große Erfolge. In den fünfziger und vor allem in den sechziger Jahren war Brechts Stellung als Bühnenautor dominierend, seine Autorität als Theoretiker unbestritten. Es existierte keine Dramentheorie, die über die seine hinausgewiesen hätte, es gab kein Werk, das nicht an seinem gemessen worden wäre. Kein zeitgenössischer Dramatiker konnte sich der Auseinandersetzung mit

Brechts dominierende Stellung in der deutschsprachigen Nachkriegsdramatik

82   8. AUTOR UND ZEIT

Brecht entziehen, und »sei es durch Modifikation, durch Widerspruch oder durch Absage«[87].

Literaturgeschichtliche Wirkung

Abgesehen von einer ganzen Generation von DDR-Dramatikern wie Peter Hacks, Volker Braun und Heiner Müller, beeinflusste Brecht auch die Entwicklung des Theaters in der Bundesrepublik. Herausragende Beispiele einer produktiv-kritischen Rezeption finden sich im Werk Max Frischs, der wie Brecht Parabelstücke schrieb, sie aber, wie etwa *Biedermann und die Brandstifter*, als »Lehrstücke ohne Lehre« gegen ihn abgrenzte und, noch intensiver, bei Friedrich Dürrenmatt mit seiner Komödientheorie. Dürrenmatt setzte Brechts zentraler dramaturgischer Forderung, die Welt sei auf dem Theater »als veränderbar« darzustellen, die These entgegen, dieser »alte Glaubenssatz der Revolutionäre, daß der Mensch die Welt verändern könne«, sei »für den einzelnen unrealisierbar geworden, außer Kurs gesetzt, […] nur noch für die Menge brauchbar, als Schlagwort, als politisches Dynamit, als Antrieb für die Massen, für die grauen Armeen der Hungernden«.[88]

Während Frisch und Dürrenmatt Distanz zu Brecht suchen, knüpfen die westdeutschen Autoren des politischen Theaters der sechziger Jahre mehr oder weniger ausdrücklich an Brechts Theaterkonzeption an: beispielsweise Martin Walser mit kritischen Zeitstücken, Heinar Kipphardt und Peter Weiss mit Stücken dokumentarischen Theaters und Franz Xaver Kroetz mittels der Form des neuen, kritischen Volksstücks. Wie selbstverständlich nehmen sie Stilmittel des epischen Theaters auf, seine Verfremdungsverfahren, seine musikalischen Elemente, seinen lehrhaft-pädagogischen Charakter. Vor allem aber machen sie Ernst mit Brechts Anspruch einer eingreifen-

8. AUTOR UND ZEIT **83**

den, gesellschaftliche und politische Veränderung bewirkenden Kunst. Dramatiker einer jüngeren Generation wie Kerstin Hensel, Kerstin Specht oder Theresia Walser knüpfen gegenwärtig an diese Traditionen an.

Brechts Theaterarbeit war also nicht so folgenlos, wie er es selbst einmal in einer Bemerkung gegenüber dem Theaterwissenschaftler Ernst Schumacher skeptisch zum Ausdruck brachte, indem er die berühmte Zeile aus der *Dreigroschenoper* »Erst kommt das Fressen, dann kommt die Moral« als den Satz bezeichnete, der ihm einen dauerhaften Platz in der Literaturgeschichte verschaffen werde. Auch Max Frischs berühmt gewordener Spruch von der »durchschlagenden Wirkungslosigkeit« des Klassikers Brecht muss nicht beim Wort genommen werden. Vielleicht kommt seiner Wirkung die Selbsteinschätzung nahe, die sich in dem in den Exiljahren entstandenen Gedicht *An die Nachgeborenen* findet: »Ich vermochte nur wenig. Aber die Herrschenden / Saßen ohne mich sicherer, das hoffte ich.«[89]

Ausgelöst durch den Arbeiteraufstand in der DDR am 17. Juni 1953 vor dem Hintergrund der Ost-West-Konfrontation und des Kalten Krieges hat es in den 1950er- und 1960er-Jahren in der Bundesrepublik Phasen des Boykotts und des Widerstreits gegenüber Brecht gegeben. Diese Einstellungen sind heute Geschichte. Brechts dramatisches Werk ist im deutschen Theater

> *Konfrontation der dramatischen Modelle Brechts mit gegenwärtigen Erfahrungen*

und auf den Bühnen der ganzen Welt präsent und nimmt dort nach Shakespeare einen festen zweiten Platz ein. Mit bloßer Traditionspflege ist das nicht zu erklären. Offensichtlich lohnt es noch immer, Brecht als theatralischen Zeitgenossen herauszufordern und seine dramatischen Weltmodelle mit Erfahrungen und Bildwelten heutiger Generationen zu konfrontieren.

9. Checkliste

1. Welcher zeitgeschichtliche Hintergrund hat Brecht zur Beschäftigung mit dem Stoff veranlasst?
2. Vergleichen Sie die Konzeption des Stücks mit den beiden literarischen Grundmustern Brechts. Wie verarbeitet er die biblische Erzählung und wie die Vorstellung vom Welttheater? Beachten Sie dabei insbesondere die Funktion des Vorspiels.
3. Vergleichen Sie die Fabel des Stücks mit der Fabelerzählung *Der gute Mensch von Sezuan* von 1943. Arbeiten Sie Gemeinsamkeiten und Unterschiede heraus. Welche der beiden Handlungsführungen erscheint Ihnen überzeugender?
4. Bilden Sie, unter Einbezug des Personenverzeichnisses, Kategorien der dramatischen Figuren. Warum verweigert Brecht den Personen des Stücks den Status von Charakteren?
5. Analysieren Sie das Verhalten einzelner Figuren und Figurengruppen. Erläutern Sie am Beispiel ausgewählter Personen Brechts Begriff des »gesellschaftlichen Gestus«.
6. Beschreiben Sie exemplarisch die Figur des Fliegers Sun. Vollzieht er in seinem »gesellschaftlichen Gestus« eine Entwicklung? Wie beurteilen Sie seine Handlungsweise als Aufseher und vor allem sein Verhalten gegenüber Shen Te?
7. Charakterisieren Sie die Funktion der drei Götter. Erörtern Sie die Berechtigung des Vorwurfs von Zeitgenossen Brechts, das Stück provoziere das christliche Gottesbild und demonstriere Gottlosigkeit.

9. CHECKLISTE 85

8. Entwerfen Sie ein Rollenporträt der Hauptfigur Shen Te.

9. Erörtern Sie die Funktion der Doppelrolle Shen Te / Shui Ta. Tragen Sie Argumente sowohl für die Identität wie die Spaltung der Person zusammen, die durch diese dramatische Figur verkörpert wird, und diskutieren Sie deren Überzeugungskraft.

10. Ist Shen Te wirklich ein »guter Mensch«, wie es der Titel des Stücks besagt? Welche Voraussetzungen und Bedingungen des Gutseins zeigt das Stück?

11. Diskutieren Sie das zentrale Problem Shen Tes und damit auch das des Stücks, ob und wie es möglich sei, gut zu sein und doch zu leben.

12. Das Stück geht für Shen Te nicht gut aus. Warum ist es dennoch keine Tragödie? Was spricht für die These mancher Interpreten, es handele sich sogar um eine Komödie?

13. Wie ist das Stück aufgebaut? In welchen Merkmalen unterscheidet es sich von der Form eines klassischen Dramas?

14. Was versteht Brecht unter »Verfremden«? Welche Verfremdungsmittel verwendet er im *Guten Menschen von Sezuan*? Berücksichtigen Sie insbesondere die Funktion der Publikumsansprachen und Lieder.

15. Analysieren Sie exemplarisch *Das Lied vom achten Elefanten*. Beschreiben Sie seinen Fabelcharakter und analysieren Sie seinen inhaltlichen Bezug zum Bühnengeschehen.

16. Tragen Sie Belege für die augenfällige Künstlichkeit des Stücks zusammen. Erörtern Sie die Wirkung, die dadurch erzielt wird.

17. Als einziges seiner Dramen bezeichnet Brecht den *Guten Menschen von Sezuan* als »Parabelstück«. An welchen Merkmalen lässt sich dies aufzeigen? Welche Aus-

wirkungen hat die Dramenform auf die beabsichtigte Wirkung des Stücks?

18. Welche ›Dramaturgie des Zuschauers‹ verfolgt Brecht? Beschreiben Sie die Intentionen seines episch-dialektischen Theaters und konkretisieren Sie diese am Beispiel des Stücks *Der gute Mensch von Sezuan*.

19. Im Epilog wird behauptet, die Handlung des Stücks lasse alle Fragen offen. Erörtern Sie die These, der ›offene‹ Schluss betreffe nicht die Kunstwelt des Stücks, sondern die Konsequenz des Gezeigten für die Wirklichkeit.

20. Sezuan ist ein fiktiver Ort. Dennoch schreibt Brecht bei der Drucklegung des Textes in einer Vorbemerkung, die Provinz Sezuan des Stücks, die für alle Orte gestanden habe, an denen Menschen von Menschen ausgebeutet werden, gehöre »heute nicht mehr zu diesen Orten«. Was kann diese Aussage für die Interpretation des Stücks bedeuten, insbesondere im Zusammenhang mit der Behauptung des ›offenen‹ Schlusses?

21. Stellt das Stück heute aktuelle Themen zur Diskussion? Reicht sein Sinnpotential in die Gegenwart hinein?

22. Vergleichen Sie Brechts Stück *Der gute Mensch von Sezuan* mit Lessings *Nathan der Weise* und Goethes *Iphigenie auf Tauris*. Beschreiben Sie insbesondere die unterschiedlichen anthropologischen und ethischen Voraussetzungen von Lessings Toleranz-, Goethes Humanitäts- und Brechts Solidaritätsideal.

23. Welche Wirkungen gingen von Brechts dramatischem Schaffen und seiner Theorie des episch-dialektischen Theaters auf das Drama und Theater der Gegenwart aus?

24. Nehmen Sie Stellung zur Auffassung der Zeitschrift *Theater heute*, die zum hundertsten Geburtstag des Autors geäußert wurde: Fünfzig Jahre Brecht sind genug!

10. Lektüretipps / Filmempfehlungen

Textausgaben

Bertolt Brecht: Der gute Mensch von Sezuan. Parabelstück. Frankfurt a. M.: Suhrkamp, 1964 [u. ö.]. (edition suhrkamp. 73). – *Nach dieser Ausgabe wird zitiert.*

– Der gute Mensch von Sezuan. In: B. B.: Gesammelte Werke. Werkausgabe in 20 Bänden. Bd. 4: Stücke 4. Frankfurt a. M.: Suhrkamp, 1967. S. 1487–1607.

– Der gute Mensch von Sezuan. In: B. B.: Werke: Stücke 6. Große kommentierte Berliner und Frankfurter Ausgabe. Hrsg. von Werner Hecht, Jan Knopf, Werner Mittenzwei, Klaus-Detlef Müller. Bd 6. Berlin/Weimar: Aufbau-Verlag. Frankfurt a. M.: Suhrkamp, 1989. S. 175–279 und 432–453. – *Nach wissenschaftlichen Kriterien bearbeitete, so genannte historisch-kritische Textausgabe mit Erläuterungen zur Entstehung, zu den verschiedenen Textfassungen, zur Wirkung und mit einem Zeilenkommentar.*

– Der gute Mensch von Sezuan. Mit einem Kommentar von Wolfgang Jeske. Frankfurt a. M.: Suhrkamp, 2003. (Suhrkamp Basisbibliothek. 25). – *Enthält neben einem informativen Kommentar auch die Fabelerzählungen »Zeitungsbericht« und »Der gute Mensch von Sezuan«.*

– Zeitungsbericht. In: Brechts *Guter Mensch von Sezuan*. Hrsg. von Jan Knopf. Frankfurt a. M.: Suhrkamp, 1982. S. 31–34. (Suhrkamp Taschenbuch Materialien.)

Der gute Mensch von Sezuan (Fabel). In: Brechts *Guter Mensch von Sezuan*. Hrsg. von Jan Knopf. Frankfurt a. M.: Suhrkamp, 1982. S. 34–40. (Suhrkamp Taschenbuch Materialien.)

Verfilmung

Der gute Mensch von Sezuan. Regie: Fritz Umgelter. Buch:
Walter Dörfler, E. W. Sauter. Darsteller: Nicole Heesters
(Shen Te / Shui Ta), Joachim Teege (Wang), Kurt Erhardt
(1. Gott), Franz Kutschera (2. Gott), Adolf Ziegler (3. Gott),
Werner Kreindl (Sun), Eva Maria Meineke (Mi Tsü) u. a.
Musik: Paul Dessau. Sendedaten: SDR; ARD und ORF,
27. November 1966, 182 Min.

Zum Nachschlagen von Sachbegriffen

Metzler Literatur Lexikon. Begriffe und Definitionen. Hrsg.
von Günther und Irmgard Schweikle. 2., überarb. Aufl.
Stuttgart: Metzler, 1990. – *Vorzügliches einbändiges Sach-*
wörterbuch zu allen wichtigen Begriffen.
Theater-Lexikon. Kompaktwissen für Schüler und junge
Erwachsene. Hrsg. von Lothar Schwab und Richard We-
ber. Frankfurt a. M. 1991 [u. ö.]. – *Zuverlässiges und ver-*
ständlich geschriebenes Nachschlagewerk über die Ge-
schichte des Theaters, Theaterformen, dramaturgische Be-
griffe.

Zur Einführung in das Drama

Asmuth, Bernhard: Einführung in die Dramenanalyse. 5.,
aktual. Aufl. Stuttgart 1997. – *Vorwiegend theorieorien-*
tierte Darstellung der Aspekte und Elemente des Dramas
von seiner literarischen Form bis zur Bühnenaufführung.

10. LEKTÜRETIPPS/FILMEMPFEHLUNGEN 89

Zu Bertolt Brecht

Allgemein verständlich

Hecht, Werner (Hrsg.): Bertolt Brecht. Sein Leben in Bildern und Texten. Mit einem Vorw. von Max Frisch. Frankfurt a. M. 1978/2000. – *Umfängliche, vorzüglich zusammengestellte und kommentierte Bildbiografie.*
– Alles, was Brecht ist ... Fakten – Kommentare – Meinungen – Bilder. Frankfurt a. M. 1997. – *Aus Anlass des hundertsten Geburtstages erschienenes Brecht-»Medienhandbuch« mit informativen Materialien zu Brechts dramatischem Werk auf der Bühne und zu seinen Werken im deutschsprachigen Hörspiel sowie in Film und Fernsehen.*
Lattmann, Dieter: Kennen Sie Brecht? Stationen seines Lebens. Stuttgart 1988 [u. ö.]. – *Aus subjektiver Perspektive geschriebene knappe, thematisch strukturierte Biografie, mit Daten zu Leben und Werk und Literaturhinweisen.*
Völker, Klaus: Bertolt Brecht. München 1978 [u. ö.]. – *Sehr informative Biografie, in der Brechts Leben und Werk ineinander verwoben dargestellt werden.*

Literaturwissenschaftliche Darstellungen

Brecht-Handbuch. Bd. 1: Stücke. Hrsg. von Jan Knopf. Stuttgart/Weimar 2001. – *Wissenschaftliche Einführung in Brechts dramatisches Werk in Korrespondenz zur »Großen kommentierten Berliner und Frankfurter Ausgabe«.*
Interpretationen: Brechts Dramen. Hrsg. von Walter Hinderer. Stuttgart 1995 [u. ö.]. – *Gute Einführung in die*

90 10. LEKTÜRETIPPS/FILMEMPFEHLUNGEN

Theatertheorie und das dramatische Werk Brechts in Form von Einzelinterpretationen zu »Baal« und den großen zeitüberdauernden Bühnenstücken.

Knopf, Jan: Bertolt Brecht. Stuttgart 2000. – *Kompetenter Überblick über Brechts Biografie und Gesamtwerk, mit ausführlicher Bibliografie der Primär- und Sekundärliteratur. (Interpretation des »Guten Menschen von Sezuan« S. 163–167.)*

Müller, Klaus Detlef (Hrsg.): Bertolt Brecht. Epoche – Werk – Wirkung. München 1985. – *Sehr gute, als wissenschaftliches Arbeitsbuch konzipierte Gesamtdarstellung von Brechts Werk, mit einer Einführung in den zeitgeschichtlichen Hintergrund und in die Rezeption. (Knappe Interpretation des »Guten Menschen von Sezuan« S. 284–289.)*

Payrhuber, Franz-Josef: Literaturwissen Bertolt Brecht. Stuttgart 1995 [u. ö.]. – *Einführung in das Gesamtwerk Brechts, überwiegend in Form von Einzelinterpretationen. (Knappe Interpretation des »Guten Menschen von Sezuan«, S. 91–97.)*

Zur literaturwissenschaftlichen Interpretation von *Der gute Mensch von Sezuan*

Materialien

Materialien zu Brechts *Der gute Mensch von Sezuan*. Hrsg. von Werner Hecht. Frankfurt a. M. 1968. – *Informativer Materialienband mit Plänen, Textfassungen, Arbeitsnotizen zum Stück, Fabelerzählungen Brechts, Aufsätzen und Interpretationen.*

Brechts *Guter Mensch von Sezuan*. Hrsg. von Jan Knopf. Frankfurt a. M. 1982. – *Neubearbeitung des Materialienbandes von 1968 mit einer überwiegend neuen Sammlung von Quellen und Dokumenten, Beiträgen zur Theaterrezeption des Stücks, seiner wissenschaftlichen Analyse, einem Aufführungsverzeichnis und einer kommentierten Bibliografie.*

Interpretationen

Hermes, Eberhard: Brecht *Der gute Mensch von Sezuan*. In: E. H.: Interpretationshilfen Ideal und Wirklichkeit. Lessing: *Nathan* / Goethe: *Iphigenie* / Brecht: *Der gute Mensch von Sezuan*. Stuttgart 1999. S. 109–171.

Knopf, Jan: Der gute Mensch von Sezuan. In: Brecht-Handbuch. Bd. 1: Stücke. Hrsg. von Jan Knopf. Stuttgart/Weimar 2001. S. 418–440.

Ueding, Gert: Der gute Mensch von Sezuan. In: Walter Hinderer (Hrsg.): Brechts Dramen. Neue Interpretationen. Stuttgart 1984. S. 178–193. Auch in: Interpretationen: Brechts Dramen. Hrsg. von Walter Hinderer. Stuttgart 1995. S. 121–145.

Anmerkungen

1 Bertolt Brecht, *Gesammelte Werke. Werkausgabe edition suhrkamp*, Bd. 10, Frankfurt a. M. 1967, S. 1029.

2 Lion Feuchtwanger, *Bertolt Brecht*, in: Werner Hecht (Hrsg.), *Bertolt Brecht. Leben und Werk im Bild*, Frankfurt a. M. ²1986, S. 271–277, hier: S. 271 f.

3 Zitiert wird, mit Angabe der Seitenzahl, nach der Ausgabe in *edition suhrkamp*, Frankfurt a. M. 1964 [u. ö.].

4 Eintrag in Brechts *Arbeitsjournal* unter dem Datum vom 20. 4. 41. Bertolt Brecht, *Arbeitsjournal 1938–1942*, hrsg. von Werner Hecht, Frankfurt a. M. 1973, S. 194.

5 Vgl. Hans Mayer, *Erinnerungen an Brecht*, Frankfurt a. M. 1996, S. 60.

6 Vgl. Jan Knopf, *Bertolt Brecht, »Der gute Mensch von Sezuan«*, Frankfurt a. M. 1982, S. 52 ff.

7 Vgl. *Bertolt Brecht, Stücke 6. Große kommentierte Berliner und Frankfurter Ausgabe*, Bd. 6, bearb. von Klaus-Detlef Müller, Berlin / Weimar / Frankfurt a. M. 1989, S. 447.

8 Paul Kruntorad, »Der gute alte Mensch in Mailand« (1981), in: Jan Knopf (Hrsg.), *Brechts »Guter Mensch von Sezuan«*, Frankfurt a. M. 1982, S. 214–217, hier: S. 215 f.

9 Giorgio Strehler über Brecht, in: Werner Hecht (Hrsg.), *Alles, was Brecht ist ...*, Frankfurt a. M. 1997, S. 118–119, hier S. 119.

10 Bertolt Brecht, *Der gute Mensch von Sezuan (Fabel)*, in: Knopf (Anm. 8), S. 34–39, hier: S. 36.

11 Bertolt Brecht, *Notizen über V-Effekte*, in: B. B., *Gesammelte Werke. Werkausgabe edition suhrkamp*, Bd. 15, Frankfurt a. M. 1967, S. 364–369, hier: S. 364.

12 Bertolt Brecht, *Kurze Beschreibung einer neuen Technik der Schauspielkunst, die einen Verfremdungseffekt hervorbringt*, in: B. B., *Gesammelte Werke. Werkausgabe edition suhrkamp*, Bd. 15, Frankfurt a. M. 1967, S. 341–357, hier: S. 346.

13 In der Beschreibung der Figur von Shen Te und Shui Ta folge ich der Analyse von Jan Knopf, in: Jan Knopf, *Bertolt Brecht*, Stuttgart 2000, S. 166 ff.

14 Solche so genannten ›Hosenrollen‹ kamen in der italienischen Commedia dell'arte, bei Shakespeare oder auch in Opern nicht

ANMERKUNGEN **93**

selten vor. Ein komödiantischer Effekt ergab sich dabei dadurch, dass die Mitspieler nicht eingeweiht waren, die Zuschauer jedoch den wahren Sachverhalt kannten.

15 Knopf (Anm. 13), S. 166.

16 Ebenda.

17 Ebenda, S. 167.

18 Vgl. z. B. Jan Knopf, »*Der gute Mensch von Sezuan*«, in: J. K. (Hrsg.), *Brecht-Handbuch*, Bd. 1: *Stücke*, Stuttgart/Weimar 2001, S. 419–440, hier: S. 427.

19 Vgl. Walter Hinck, *Die Dramaturgie des späten Brecht*, Göttingen 1959, S. 72.

20 Vgl. Wolf-Egmar Schneidewind / Bernhard Sowinski, *Bertolt Brecht »Der gute Mensch von Sezuan«*, München 1992, S. 33.

21 Henning Rischbieter, *Bertolt Brecht*, Bd. 2, Velber 1970, S. 39.

22 Ebenda.

23 Bertolt Brecht, *Über experimentelles Theater*, in: B. B., *Gesammelte Werke. Werkausgabe edition suhrkamp*, Bd. 15, Frankfurt a. M. 1967, S. 285–305, hier: S. 302.

24 Seit Aristoteles spricht man in diesem Zusammenhang von ›Nachahmung‹ (griech. *mimesis*) der Wirklichkeit, die das Drama leisten solle.

25 Vgl. die Hinweise im Kapitel »Wort- und Sacherläuterungen«.

26 Bertolt Brecht, *Kleines Organon für das Theater*, in: B. B., *Gesammelte Werke. Werkausgabe edition suhrkamp*, Bd. 16, Frankfurt a. M. 1967, S. 661–700, hier: S. 697.

27 Die Theorie dazu hat Brecht in dem Aufsatz *Über reimlose Lyrik mit unregelmäßigen Rhythmen* dargestellt. In: B. B., *Gesammelte Werke. Werkausgabe edition suhrkamp*, Bd. 19, Frankfurt a. M. 1967, S. 395–403.

28 Vgl. z. B. S. 21, 22 f., 29, 47, 62, 64, 80, 100, 101.

29 Vgl. z. B. S. 20, 48, 51.

30 Vgl. Schneidewind/Sowinski (Anm. 20), S. 138.

31 Brecht (Anm. 12), S. 346.

32 Die Musik zu den Liedern stammt von dem Komponisten Paul Dessau (1894–1979).

33 Hink (Anm. 19), S. 41.

34 Knopf (Anm. 6), S. 47.

35 Ebenda, S. 11.

36 Vgl. Schneidewind/Sowinski (Anm. 20), S. 133.

94 ANMERKUNGEN

37 Vgl. z. B. Knopf (Anm. 18) und Peter Christian Giese, *Das »Gesellschaftlich-Komische«. Zu Komik und Komödie am Beispiel der Stücke und der Bearbeitungen Brechts,* Stuttgart 1974.

38 Knopf (Anm. 20), S. 454 unter Bezug auf Giese (Anm. 37), S. 112.

39 Bertolt Brecht, *Zeitungsbericht,* in: Knopf (Anm. 10), S. 31–34, hier: S. 34.

40 Brecht (Anm. 23), S. 294 f.

41 Vgl. Klaus-Detlef Müller (Hrsg.), *Bertolt Brecht. Epoche – Werk – Wirkung,* München 1985, S. 231.

42 Detlev Schöttker, *Bertolt Brechts Ästhetik des Naiven,* Stuttgart 1989, S. 270.

43 Bertolt Brecht, *Weite und Vielfalt realistischer Schreibweise,* in: B. B., *Gesammelte Werke. Werkausgabe edition suhrkamp,* Bd. 19, Frankfurt a. M. 1967, S. 340–349, hier: S. 349.

44 Vgl. Schöttker (Anm. 42), S. 271.

45 Brecht (Anm. 4), S. 34.

46 Bertolt Brecht, *Gesammelte Werke. Werkausgabe edition suhrkamp,* Bd. 8, Frankfurt a. M. 1967, S. 158.

47 Brecht (Anm. 7), S. 280.

48 Müller (Anm. 41), S. 286.

49 Bertolt Brecht, *Gesammelte Werke. Werkausgabe edition suhrkamp,* Bd. 4, Frankfurt a. M. 1967, S. 1487–1607.

50 Brecht (Anm. 7), S. 175–279.

51 Vgl. Knopf (Anm. 18), S. 426.

52 Vgl. Müller (Anm. 41), S. 286.

53 Zum Folgenden vgl. Erika Fischer-Lichte, *Geschichte des Dramas,* Bd. 2, Tübingen 1990, S. 117 ff.

54 Brecht (Anm. 39), S. 34.

55 Volker Klotz, Interpretation des *Guten Menschen von Sezuan* (1961), in: Werner Hecht (Hrsg.), *Materialien zu Brechts »Der gute Mensch von Sezuan«,* Frankfurt a. M. 1968, S. 134–144, hier: S. 136.

56 Müller (Anm. 41), S. 288.

57 Knopf (Anm. 18), S. 170.

58 Ebenda, S. 171.

59 Ebenda.

60 Ebenda, S. 172.

61 Gert Ueding, *»Der gute Mensch von Sezuan«,* in: *Interpretationen. Brechts Dramen,* hrsg. von Walter Hinderer, Stuttgart 1995, S. 121–145, hier: S. 131.

ANMERKUNGEN **95**

62 Rischbieter (Anm. 21), S. 37.
63 Klotz (Anm. 55), S. 138.
64 Hinck (Anm. 19), S. 87.
65 In der Regieanweisung des Textes heißt es: »Sie blickt gehetzt nach der Tür, durch die ihre Peiniger eintreten werden« (141).
66 Knopf (Anm. 18), S. 427.
67 Ebenda.
68 Ebenda.
69 Reinhart Baumgart, *Selbstvergessenheit. Drei Wege zum Werk: Thomas Mann, Franz Kafka, Bertolt Brecht,* München 1989, S. 266.
70 Hans Mayer, *Brecht in der Geschichte,* Frankfurt a. M. 1971, S. 234.
71 Bertolt Brecht, *Gesammelte Werke. Werkausgabe edition suhrkamp,* Bd. 9, Frankfurt a. M. 1967, S. 618.
72 Mayer (Anm. 5), S. 57 ff.
73 Baumgart (Anm. 69), S. 264.
74 Ueding (Anm. 61), S. 144.
75 Baumgart (Anm. 69), S. 264.
76 Ebenda.
77 So die dortige Schreibung des Namens.
78 Jan Knopf, *Brecht Handbuch,* Bd. 1: *Theater,* Stuttgart 1980, S. 139.
79 Zitiert wird, mit Angabe der Seitenzahl, nach der Ausgabe im Reclam-Verlag. Gotthold Ephraim Lessing, *Nathan der Weise,* Stuttgart 1984 [u. ö.].
80 Walter Seifert, »*Iphigenie auf Tauris*«, in: Jakob Lehmann (Hrsg.), *Kleines deutsches Dramenlexikon,* Königstein i. Ts. 1983, S. 117–122, hier: S. 121.
81 Seifert (Anm. 80), S. 122.
82 Vgl. Volker Klotz, *Dramaturgie des Publikums. Wie Bühne und Publikum aufeinander eingehen,* München, 1976.
83 Vgl. Florian Vaßen, »Bertolt Brecht«, in: Alo Allkemper / Norbert Otto Eke (Hrsg.), *Deutsche Dramatiker des 20. Jahrhunderts,* Berlin 2000, S. 267–286, hier: S. 277.
84 Walter Hinck, »Alle Macht den Lesern«, in: W. H., *Von Heine zu Brecht. Lyrik im Geschichtsprozeß,* Frankfurt a. M. 1978, S. 105–124, hier: S. 106.
85 Bertolt Brecht, »*Katzgraben*«-Notate, in: B. B., *Gesammelte*

96 ANMERKUNGEN

> *Werke. Werkausgabe edition suhrkamp*, Bd. 16, Frankfurt a. M.
> 1967, S. 773–840, hier: S. 774.

86 Müller (Anm. 41), S. 209.

87 Walter Hinck, *Das moderne Drama in Deutschland. Vom expres-sionistischen zum dokumentarischen Theater*, Göttingen 1973,
   S. 159.

88 Friedrich Dürrenmatt, »*Friedrich Schiller*«, in: F. D., *Werkausgabe in dreißig Bänden*, Bd. 26, Zürich 1980, S. 82–102, hier: S. 96 f.

89 Bertolt Brecht, *An die Nachgeborenen*, in: B. B., *Gesammelte Werke. Werkausgabe edition suhrkamp*, Bd. 9, Frankfurt a. M.
   1967, S. 772 f.